不懂心理学如何拼职场

张吉亮◎编著

中国纺织出版社

内 容 提 要

在职场三五年之后，你会处于什么样的位置呢？从事什么样的工作？职位是否得到提升呢？薪水是否翻番了呢？如果你正因疲于工作而烦恼，本书将帮你指点迷津，在职场中知己知彼，游刃有余。

本书通过具体的职场事实案例，从心理学角度重新阐释打拼职场的方法和意义，希望能够帮助读者朋友更好地立足职场，打造自己的事业。也希望每个读者都能有全新的收获和启示，翻开人生新篇章。

图书在版编目（CIP）数据

不懂心理学，如何拼职场 / 张吉亮编著. —北京：中国纺织出版社，2017.7

ISBN 978-7-5180-3307-2

Ⅰ. ①不… Ⅱ. ①张… Ⅲ. ①职业—应用心理学 Ⅳ. ①C913.2

中国版本图书馆CIP数据核字(2017)第029423号

责任编辑：闫　星　　　　责任印制：储志伟

中国纺织出版社出版发行

地址：北京市朝阳区百子湾东里A407号楼　邮政编码：100124

销售电话：010—67004422　传真：010—87155801

http: //www.c-textilep. com

E-mail: faxing@c-textilep.com

中国纺织出版社天猫旗舰店

官方微博http://weibo.com/2119887771

北京通天印刷有限责任公司印刷　各地新华书店经销

2017年7月第1版第1次印刷

开本:710×1000　1/16　印张:15

字数:260千字　定价:35.00元

前言

不管是作为职场新人，还是工作多年的员工，内心总会萌发出一些猜不透的问题：如何才能找到适合自己的工作？领导会喜欢自己这样的员工吗？要如何做才能赢得同事的喜欢呢？如何才能让下属心甘情愿为自己效劳呢？自己的努力如何让领导看见呢？如何察言观色了解客户的喜好呢？

这些问题自始至终都存在，且会一直存在，这成为许多职场人的心结。一旦无法解开这些难题，自己或许只能成为职场里最默默无闻、不受领导、同事、客户喜欢的那一位。那么，如何有效地解答这些问题呢？答案是学习职场心理学。

有人说："职场是江湖。"确实，在职场这个社圈里，多少优秀的职场精英没有输在沙场，而是输在了暗流汹涌的人际关系上。作为职场人，应该了解一些心理学规律，掌握职场心理，所谓知己知彼，方能百战百胜。职场心理学，是心理学的一种，其运用人类行为模式理论和心理学研究成果，对许多政界精英、商界精英在处理人际关系中运用的"职场心理学"进行的深入研究。

身处职场，首先就要了解身边人的想法。日常工作中，常常出现这样的情况：许多拥有骄人口才、能言善辩，或名校毕业，或具备较强的工作能力，或相貌出众，但在工作中却无法赢得领导的青睐，或得到晋升。其中，最大的原因就在于他们无法了解身边人的想法。那么，在这时就需要运用到行为心理学、语言心理学，当人们在观察身边的领导、同事、下属、客户的行为时，应该注意到细微差别，这样才能有的放矢地猜透对方的想法。甚至，将行为心理与语言心理结合起来，往往可以让人们很好地辨别什么是真话、什么是谎言，从而有助于及时调整策略，在职场之中赢得好人缘。

当然，在职场中还隐藏着一些有趣的心理规律。我们总是无法解释一些现象：为什么男女搭配，干活不累？为什么有的人工作时总是那么快乐？为什么主动向领导认错反而容易获得原谅？……这些现象看似合情合理，却又无法解释。其实，这就是职场心理规律的奥妙之处。在职场中，如果人们能够运用好这些经典心理规律，那么对自己的工作将会起到积极的促进作用。

本书主要以职场心理学为切入口，通过剖析职场与心理紧密的关系，解惑心理学于职场之中的成功运用。希望本书能对为迷惑的职场人，带来积极的心理启示。

编著者

2016 年 10 月

目录

上篇

心理学与自我的职场定位

身处职场，每个人都需要给自己和公司的关系做一个定位。毕竟，清晰明确的定位往往决定一个人的心态，也决定了一个人的未来。不管是职业定位，还是职场心态定位，都将预示着每一位职场人的心理定式。

第01章

心理定位——多做规划少绕路

在职业选择中，如何做出符合自己的职业规划？工作的目的只是挣钱吗？难道自己只适合一种行业吗？诸如此类的问题，都属于职业规划。职业人对未来的职业去向应该多做规划，这样才能少走弯路。

工作的终极目标是为了挣钱吗

大家都熟知《杜拉拉升职记》的故事，杜拉拉也许是我们职场中的代表，她没有多少背景，受过良好的教育，全靠个人的努力，当然，最终她取得了成功。仅仅从这个角度说，杜拉拉当然算是每个人的偶像，不过，尽管我们对杜拉拉的坚韧和成功十分敬佩，但我们若是从另外一个角度说，这种拼命努力的工作狂和八面玲珑的为人处世却不是每个人都能做到的。或者可以说，并不是每个人都想过的一种生活。对于我们大部分人而言，与其成为另外一个拼命式的工作狂，还不如做回自己，静心地享受生活。生活中，那些工作狂为什么拼命地工作呢？他们最主要的目的就是挣钱，而挣钱又为了什么呢？

中国的文化崇尚工作至上，在这种文化的影响下，许多人经常在办公室挑灯夜战，或者从来不出门旅游，这样拼命工作的人其实已经忽略了生活的美好，更何况工作得多并不意味着应该受到表彰或加薪。过度工作很有可能会降低自己的工作效率、消磨自己的创造力，甚至对你与家人和朋友的关系产生负面影响。尽管，有激情有梦想是上天赐予自己的礼物，为自己热爱的事业而努力更不是一种错误。但是，我们的休息也很重要，除去忙碌的工作以外，我们应该更多地享受生活，享受与家人朋友在一起的感觉。这样我们才能收获更多来自心灵深处的快乐。

王先生来自于偏远的山村，用光了家里所有的钱，挤进了大学的门槛，到大学毕业之后，他已经负债累累。虽然，品学兼优的王先生通过老师的介绍获得了一份不错的工作，但他并不满足普通的职位，而且自己读书时欠下的债也成了他拼命工作的动力。早上他是第一个到办公室的，下班了，他又是最后一个离开办公室的。在无数个深夜，他孤身一个人待在办公室，思考一个企划案，或着手一个新产品的研发。当然，付出是有回报的，王先生很快晋升到管理层，不仅如此，他还还清了所有的债务。就在这时，他结识了一位女士，组建了一个幸福美满的家庭。

这样看起来，王先生的生活算是美满幸福了，但王先生并没有放松下来。每天，他依然是公司最拼命的一个，妻子每每抱怨："你已经很久没陪我们去公园了？我们一家人从来没去旅游过？"这时王先生总是以惯有的口吻说："我这样做还不是为了这个家。"妻子辩解："可我们已经不缺什么了，我和孩子唯一缺的就是你，再富足的物质生活也比不上一家人在一起啊！"妻子的话还没说完，王先生已经西装革履地出门了。

没想到加班到凌晨一点的王先生回到家里，竟然发现妻子带着孩子走了，桌上只留下一个地址。第二天，王先生破天荒地向公司请了假，按照妻子留下的地址，来到一处山清水秀的森林公园，远远地，王先生看到妻子、孩子，还有自己白发苍苍的老母亲坐在一起，孩子嬉戏着，妻子则和母亲聊着天。看着这样的景象，王先生的眼睛湿润了，在那一刻，他明白了很多。

从此以后，王先生不再是拼命三郎了，他从自己的工作时间里抽出一部分陪家人和朋友，在这段时间里，他才发现生活是多么美好、多么轻松！

当一个人拼命工作到忘记了家人和朋友，尽管他的物质生活是富足的，但其精神生活却是一片贫瘠，他的内在心灵更是一片荒芜。因为他不懂得享受生活，自然感受不到来自生活的快乐。工作的功利性目的是挣钱，但这并不是其最终的目的，享受生活才是挣钱的最终目的。

1. 工作的价值不只是谋生

许多人认为工作的价值只在于谋生，只在于薪水，其实这是非常错误的看法。一个人生命的一大半时间都在工作，假如工作的意义只是谋生，那人生未免太了然无趣。

2. 工作的目的在于找到自己的价值

每天的工作对人们来说是一种锻炼，更有助于提升其能力，帮助其在社会中更快地成长。而且，在这个过程中更容易明白生活的道理。

3. 工作的意义在于享受生活

难道仅仅是因为让自己的物质生活更富足一些吗？在物欲横流的今天，越来越多的人物质充足，但其精神却很贫瘠，心灵无法得到休息。这主要是因为他们模糊了一个概念，挣钱的意义在于享受生活，而不是折腾生活。

心理启示

生活中，享受生活是人生的特殊体验，在越来越喧嚣的尘世中，我们逐渐背离了享受生活的本质。在拼命工作的过程中，我们变得越来越提得起，放不下，为享受而享受，把挣钱、占有当作是享受的终极目的。这样一来，生活中感受到的是苦多乐少。其实，享受生活是一种感知，品味春华秋实、云卷云舒，一缕阳光、一江春水、一语问候、一叶秋意都是生活里醉人的点点滴滴。

为什么什么都想抓，又什么都抓不到

如今，社会变革日新月异，新兴行业也层出不穷，虽然，不少人抱怨找不到合适的工作，但是，各种各样的职业也让他们眼花缭乱，特别是在某一个阶段同时出现了不相上下的职业选择，那对于当事人来说肯定是大伤脑筋的事儿。人生就是这样，它总是在你不经意间给你出难题，让你站在人生的十字路口徘徊。当这样难以抉择的时刻来临，就需要你作出取舍了，如果你不想错过那个难得的机会，就要果断地放弃另一个选择，这样你才会有所得。可是，也有人害怕顾此失彼，想“鱼和熊掌兼得”，殊不知，经过了一番折腾之后，却发现什么都没有得到。有时候，你什么都想抓，其实什么都抓不到，这就是没有正确地取舍。即便是难以抉择，也要最终作出一个选择，如果你手里抓着这个，心里想着那个，眼睛还盯着另外一个，那么，就无法集中心思专注于一个事物上。最终的结果，只能是什么都没有得到。所以，正确做好职业取舍，就要明白“有舍才有所得”的道理，只有果断地放弃，你才能有所获得，进而寻求进一步的发展。

早在两千多年以前，孟子就说：鱼和熊掌不可兼得，并且孟子也作出了选择，那就是“舍鱼而取熊掌者也”。当然，不同的人选择会不一样，有的人可能会选择“舍熊掌而取鱼者也”，在任何时候，你都不能同时取得鱼和熊掌。而我们人生中的职业选择也是一样的道理，一个人不能同时身兼数职，每个人只有一个选择。当我们面对这样选择的时候，就要善于取舍，择业的最基本原则就是“本色出演”，所需要解决的问题就是“你想做什么，你能做什么”，以此来取舍不相上下的职业。

两只小猴子钻进玉米地里掰玉米，掰了一个往胳肢窝下夹。玉米长得太高太多太好，小猴子怎么也看不清楚，总觉得前面的玉米大，又伸手掰，又往胳肢窝下夹。唉，前面还有更大的呢，再伸手掰，再往胳肢窝下夹……劳作了大半天，两只小猴子准备打道回府，低下头来检查胳肢窝里夹的劳动成果。不检查还在乐，一检查小猴子傻了眼：胳肢窝里只夹着一个玉米！为了前面那个“更大的”，猴子不断扔掉自己手中的成果，回过头来空辛苦一场，得到的还只是一个玉米。

这时候，猴子被农民发现了，一只猴子在农民的棍子驱赶之下仓皇逃窜，连最后一只玉米棒子也掉了。另一只猴子因为不够灵活，身上挨了一棍子，龇牙咧嘴地慌忙逃走了。

这是一个有趣的寓言故事，也许每个看过这个故事的人都会为猴子的愚笨而感到好笑。事实上，当我们站在人生的十字路口，又有多少人因为贪心而与猴子有了相同的遭遇呢？相信绝大多数人都有这样的遭遇，什么都要抓住，但什么都没有抓到，主要原因就在于你没有在恰当的时候选择舍弃。无论是取还是舍，这在人生之中都是一大智慧。

眼看就要到大四了，班里的人分成了几个“帮派”，有的人选择继续深造，走上了考研的道路，所以，他们没白天没黑夜地读书；有的人选择考公务员，千万人挤独木桥，加紧看书，偶尔打点打点关系；有的人选择毕业后直接找工作，开始做一些简单的兼职来锻炼自己，穿梭于各处的招聘会现场。可是在这么多同学中，小孟算最忙的一位了，因为这三组人中几乎都有她的身影。她大三下学期报了考研班，除了周末按时去上课之外，她每天早上五点多就起来去图书馆占位置。课余时间，她还会抽出一部分时间来看《行测》和《申论》，准备考地方公务员。另外，她还托家里人帮她找合适的工作，她认为多一条路就多个选择。

看着她这么忙碌，妈妈心疼地说："像你这样什么都花心思，得多费精力啊！"灯光下的小孟头也不抬："可现在社会太激烈了，不得不多个选择啊！"时间很快就过去了，大四下半年迎来了考研，长时间的劳累使得小孟有点筋疲力尽，但她还是咬牙坚持了整个考试过程。过了一个多月，公务员考试也开始了，小孟看书看到凌晨，肿着双眼就去参加考试。终于考完了，可是，一次又一次的面试又接踵而来。奔波了近两个月，也没有找到合适的工作，她一边焦急地等着成绩，一边找工作。成绩终于下来了，考研失利了，而公务员以两分之差落榜，工作也一筹莫展，眼看着同学们都有了去向，小孟心里很着急。

小孟什么都想抓，到头来却什么都没有抓到。其实，对于刚刚毕业的大学生，他们都会像小孟一样面临着艰难的选择，有的人既想考研究生，又想考公务员，还要花时间和精力去找工作。可是该如何来选择呢？当你发现没有办法来应付这么多的事情，就要果断地选择放弃其中一个或者两个，尽可能地把心思放在某一件事情上，这样成功的概率必定增大。一定要记住，人生中需要有舍才有得，如果你什么都想抓，那什么都抓不到。

1. 不要有成见

大部分人没办法按照自己既想的方法去做，那是因为他们心怀一些错误观念，或者他们自身有了一些错误的想法。当身边的人建议他们去做某些工作，他们总是说"我喜欢做某某工作，只是……"其实这就是由于心怀成见，所以没办法选择正确的职业。

2. 不要过分看重薪资

尽管工作的目的之一是为了谋生，但薪资并不能完全替代工作意义。哪怕是一份低端行业，只要怀揣激情，也会在工作中收获更多的东西。

3. 听从内心的选择

每个人都应该清楚自己的专长及感兴趣的行业，只要找到符合两个条件的路，那在以后的很长一段时间里都会感到幸福，而且所选择的职场生涯也会越走越远。

心理启示

如果你既放不下这个，又难以取舍那个，贪心地想同时获得两个机会，那么到头来，你只能什么都得不到。一方面，这本来就是一个取舍问题，需要你有所舍才有所得；另一方面，当你无法舍弃其中的某个机会，就必须分散心思来对其关注，这样顾此失彼，只会让你两手空空。所以，作出一个正确而认真的抉择，选取最适合你的那一个，而舍弃那个不太适合你的工作。

如何找到适合自己的工作

如何找到适合自己的工作？遗憾的是，生活中的大部分朋友根本不知道自己适合什么样的工作。保罗·保顿是标准韦可姆石油公司的人事主管，他在过去的20年中面试了八万位求职者。最后，他写了《六种助你找到工作的方法》，在他看来现在的年轻人在寻找工作时会犯下严重的错误。对此，他这样解释：“现在的年轻人花更多的时间和金钱在那些时装上面，事实上那些衣服是在几年之后就会坏掉，而且将会被扔掉。他们根本不会关心自己的未来，很少关心作为整个未来的幸福和内心平静基础的事业，甚至他们根本不清楚自己想做什么，我对此现象感到非常意外。”

无独有偶的是，曾经为杜邦公司雇用上千名员工，如今身为美国家居用品公司劳资关系助理干事的爱德娜·科尔夫人也有相同的看法，她说："现代年轻人最大的悲剧在于他们根本不知道自己想做什么，这些刚刚大学毕业的年轻人拥有达特蒙斯学院的学士学位，或者拥有康乃尔大学的硕士学位，不过他们却对我说：请问我可以为你的公司做些什么？我觉得这些每天只知道工作，最后只拿到工资的年轻人真是可怜。"既然他们对自己想做什么工作都根本不知情，那又怎么会对这份工作感兴趣呢？

你或许不知道，一份适合的工作可以展现出自己最大的价值。

大卫·奥格威曾当过推销员，做过农夫，当过外交官。他移居在美国，同时却不断往来于欧洲大陆。年轻时的奥格威雄心勃勃，他有两个梦想：一是拥有一部劳斯莱斯汽车，一是获得爵士爵位。于是，每到黄昏的时候，他都会去英国国会下议院，坐在观众席里倾听别人讨论，他渴望自己有一天也会参加这里的讨论。

但是，突然有一天，奥格威发现自己对这一切失去了兴趣，他对自己说："这里并不适合我。"然后，他就站了起来，以一种坦然而轻松的心情走出了下议院，解脱之后，他的内心却充满了焦虑：自己38岁了，还能够使生命辉煌吗？没过多久，奥格威创办了一家广告公司，经过多年的发展，他被誉为现代广告的"教皇"。

大卫·奥格威找到了适合自己的工作，演绎了精彩人生。奥格·曼蒂诺曾这样写道："我们的命运如同一颗麦粒，有着三种不同的道路。一颗麦粒可能被装进麻袋，堆在货架上，等着喂给家禽；有可能被磨成面粉，做成面包；还有可能撒在土壤里，让它生长，直到金黄色的麦穗上结出成百上千颗麦粒。人和一颗麦粒唯一的不同在于：麦粒无法选择是变得腐烂还是做成面包，或是种植生长。而我们有选择的自由，有行动的自由，更有心的自由。我们不该让生命腐烂，也不会让它在失败、绝望的岩石下磨碎，任人摆布。"悠悠生命历程里，我们找到适合自己的工作，这样才能展现出自己的人生价值。

关于如何找到适合的工作，这里有几点建议：

第一，向就业指导中心求助。或许你可以向有关咨询师或就业指导中心进行咨询。就业指导中心，作为一种新型的职业，或许尚未发展完善，甚至还没有登上较大的平台。不过，这个行业的前景还是比较广阔的，毕竟有那么多人不知道自己应该做什么。所以，假如你还在为寻找合适的工作而烦恼，那不如寻找自己所在社区的职业指导中心，希望他们可以给你合理的建议。

第二，发掘自己的优势。当你已经决定开始从事某个行业，那你需要花费几个星期，或者花费几个月的时间寻找自己在这个行业的优势。至于如何寻找，你可以向那些在这个行业中工作了十年、二十年甚至四十年的前辈们请教。

第三，你不止适合一份职业。你觉得自己只适合一个行业？当然不是。成功学大师卡耐基就是一个活生生的例子：假如，他可以通过学习，然后做好一切准备，他相信自己能够在这些行业中做出成绩，比如农业种植、水果栽培、科学耕种、医药、销售、广告、地方报纸的编辑、教育和林学。

心理启示

正是因为许多人不知道自己可以做什么，不知道自己想做什么，结果他们年过四十，尽管曾经怀揣着远大的梦想，拥有玫瑰花般的年纪，最后剩下的不过是过度的疲惫以及崩溃的精神状态。当然，在这里需要额外说明的一点是，选择合适的职业对身体健康非常有益。

百招全，不如一招鲜

俗话说：“一招鲜，吃遍天。”而在民间也流传着这样一句话：“百招全，不如一招鲜。”这里的“百招全”就是说凡事都懂得一些皮毛，样样都有两刷子，但真要认真起来，却如同滚水中不耐久煮的饺子，迟早会露馅儿；“一招鲜”就是专注于某一专业技能，能独当一面，只这一招就够威力够精湛够灵验，所以能吃遍天下。当我们面对“一招鲜”还是“百招全”的时候，又出现了职业取舍的问题，也许，有人会得意地说：“我虽然并不精通某一技艺，但我什么都会那么一点，所以，混口饭吃肯定没有问题。”话语里还流露出点点傲气，好像自己就是“十八般武艺在身”了。

事实上，社会分工日益细化，而对人才的标准则是越来越专业化，越来越细化。有可能只是一个看似微不足道的行业，也大有学问，远不是那种懂点就能驾驭的职业了。所以，当面对众多职业取舍时，那必须是舍弃“百招全”，而选择“一招鲜”，只要你精通了技艺，一定会吃遍天。

“百招全”还有一个别名，那就是“万金油”，这样的人什么都沾点边，要么参谋几句，要么就凑合一手，从表面上看，似乎什么事情都难不倒他们。其实，这样的人没有真正的技艺，所知晓的也只是皮毛功夫，能看不能用。即便是他熟知的本领比较多，但没有哪一样本领可以拿到台面上来公开展示，真需要他独当一面的时候，就只会以失败告终。出现这样的情况，主要原因就是他们根本不具备真正的专长和特长，他们只是那种在浅水池里游泳的“高手”，到了深水边，他们的腿肚子就会抽筋了。所以，这样的“百招全”实际上根本不能担当大任，终究不能在职业中有所建树。舍弃“百招全”，选取“一招鲜”，精通某一方面的技艺，这样，你就会在事业上有所获得，最终取得成功。

丹利和巴菲特是一对好朋友。丹利手巧，而巴菲特则心灵。丹利非常喜欢动手做技术活儿，也非常擅长做技术活儿，什么机械都愿意学愿意修，什么机械到了他手里都能修理好，天生的技术专家；巴菲特讨厌动手做技术活儿，也根本不擅长做技术活儿，什么活儿也不会干也不愿意干。但是巴菲特喜欢读书，而且过目不忘。高中毕业之前，巴菲特已经阅读了100多本商业投资书籍。丹利修车时，巴菲特陪着他，坐在旁边给他朗读商业投资书籍。

两个人各有所长，彼此都很佩服。有一次，巴菲特让丹利报出20个两位数让他心算总和是多少。丹利用笔在纸上边写边算，而巴菲特很快报出答案。过了一会儿丹利才用笔算出结果，一对照，巴菲特心算准确无误。大学毕业后，巴菲特和丹利发挥各自的特长，后来都很成功。丹利发挥手巧的特长，后来成为一家公司的技术总监；巴菲特发挥心灵的特长，后来成为投资大师。

如果巴菲特也选择了做技术，而丹利表示出想学做投资，那么结果他们可能都不会太成功。每个人都各有所长，但成功的关键并不在于你有多少特长，而在于你能不能把你最擅长的技艺发挥到最高的水平。这就是“一招鲜，吃遍天”所直接体现出来的现象，职业也是一样的道理，事业的成功不在于你有多少种熟知的技艺，而在于你能不能把你最精通的技艺发挥到极致，这样你才能取得最后的成功。如果你仅仅是每一样技艺沾点边，那无疑很难取得成功，而且一路上你也会走得异常艰难。

小文学的是中文专业，大学毕业后，她到一家公司应聘文秘一职。在面试时，工作人员并没有询问什么，就让她在电脑上用Excel做一个工资表格，因为掌握得不够熟练，所以，她动作比较慢，抓耳挠腮地弄了半个小时也没弄出来。这时候，另一个应聘女生几分钟就搞定了，结果小文没有得到这份工作。同学问她，难道你没有学过表格的制作吗？她回答说，学是学过，可一直没用就忘了，没有想到以后还会用到。小文的大学同学王明却因为熟悉计算机操作而找到了一份不错的工作，听到消息的小文不相信，怎么可能呢？那男生学科成绩好像不怎么样。

原来，王明从小就喜欢鼓捣电脑，把家里的电脑拆了又重装。从他上高中起街坊邻居谁家电脑出故障了就会找他来修，一到寒暑假他的工作几乎都排满了。上了大学，学校机房里的机器出现了什么问题，找他比找学校专门的技师都强。所以，王明刚一毕业就被一个小公司聘用了，不到三个月，他就凭着“一招鲜”而得到了提升的机会。

小文各科成绩都过关却没有谋得一份好的工作，而王明成绩一般却意外地找到了一份不错的工作。面对如此迥然不同的结果，只用一句话就能解释清楚，那就是“一招鲜，吃遍天”。王明熟悉计算机操作，已经成了一门专门的技艺，比起那些“多少懂一点”的百招全，王明才是真正的精通技艺，所以，他能很快地找到理想的工作。

在三国演义里，吕布使的是方天画戟，关羽使的是青龙偃月刀，张飞使的是丈八蛇矛，赵云使的是一支长枪，典韦使的是两把短戟。因为他们都有自己的独门兵器，有着自身的一番功夫，所以他们才能纵横四海、驰骋九州。

心理启示

“一招鲜，吃遍天”是我们现代人所具备的职业理念。当然，那一招绝对是绝招，是绝技，是旁边难出其右的真功夫，而不是徒有其表的纸上谈兵。虽然，在这个世界上确实有全才，可是像孔明那样的智者，千百年间才能出几个。对于我们绝大多数人来说，应该努力使自己成为某方面的专业人才，精通一门学问，或者娴熟一门技艺，在专业范畴内，不鸣则已，一鸣惊人。

我只能子承父业吗

如果身边的朋友、家人建议你去银行当职员，但事实上你只是喜欢待在蛋糕店里做蛋糕，那么你的选择是什么呢？曾经有人向我抱怨：“我很想成为一名歌星，但是我父亲却希望我能成为一名医生，我该怎么办呢？”事实上，别人的期望，不能成为你被迫选择的理由。

其实，在这个世界上有许多人讨厌自己的工作，他们成了“工业发展不协调的受害者”。毕竟，一个人应该选择适合自己的工作，因为在生活中有许多人是因为对自己工作不满意而产生了诸多烦恼、悔恨和受挫，他们或许就是你的父亲、邻居或你的老板。

菲尔·约翰逊的父亲拥有一家洗衣店，由于父亲想子承父业，所以父亲在店里给约翰逊安排了一份工作，父亲希望约翰逊可以接手自己的生意。但是，菲尔·约翰逊一点也不喜欢洗衣店的工作，他每天都在店里偷懒，整天晃荡，只要做完自己的工作，他就撒手不管。有时候，他干脆玩失踪，根本不来店里上班。约翰逊的父亲觉得儿子真是没出息，在那么多员工面前，儿子真是将自己的脸丢光了。

有一天，菲尔·约翰逊主动对父亲说："我想去一家机械工厂做个技工。"出去当工人？难道儿子想走自己曾经走过的老路吗？父亲非常震惊，他坚决不同意。不过，习惯我行我素的约翰逊才不管父亲反对的意见，他依旧穿着沾满油渍的工作服去工作。在机械厂，约翰逊比在洗衣店更努力地工作。尽管机械厂每天的工作时间很长，不过菲尔·约翰逊吹着欢快的口哨就可以度过快乐的一天。渐渐地，约翰逊发现自己喜欢上了工程学，他开始认真研究各种发动机，在他的生活中每天只有与各种机械一起相伴最快乐。

1944年，菲尔·约翰逊去世。不过，就在这时，约翰逊已经是波音飞机公司总裁，正是他研究制造出来的"飞行堡垒"使得美国赢得了战争。

假如他看不起自己的生意，那就有可能会让自己的生意溃败。假如约翰逊当时留在了父亲的洗衣店，后来，他和父亲的洗衣店会怎样呢？或许在父亲去世之后，这门生意应该早就毁掉了，那家曾经的洗衣店也早就关门了。

假如你听从了父母或朋友的建议，选择了一个不喜欢的工作，那么最后，你绝对会崩溃。作为最伟大的精神病学家，威廉·明基博士曾经在战时负责军队中的精神病学部门。他曾说："我们在军队中学到许多东西，比如正确选用人才和安排工作的重要性，确认自己正在做的工作的重要性非常重要。当一个人对自己从事的工作丝毫不感兴趣，那他就感觉自己被放错了位置，没有得到足够的重视，自己的才能尚未得到发挥。这样发展下去，他有可能患上精神疾病，甚至真的会患这种疾病。"

在这里，我需要提醒大家：千万不要因为家人希望你做，你就被迫去做某笔生意或交易。除非你自己愿意，否则不要开始某项事业。但是，对于来自父母的建议，你还是应该慎重考虑，毕竟父母走过的桥远远多于我们走过的路，他们拥有从大量的经历中才能获得的智慧。不过，最后还是由你自己来做决定，毕竟不管你选择什么样的工作或职业，最终是你本人来享受它的快乐或承受它带来的痛苦。

心理启示

不管从事哪份工作，首先应该是自己感兴趣的，这才能成为继续为之努力的理由。假如仅仅听从父母或朋友的建议，选择了一份看上去前途不错的工作，但自己丝毫不喜欢，这样即使勉强去做这份工作，但最后的效果却是收效甚微的。

职业规划必须选择热门行业吗

对于那些挤破头的热门行业和职业，不要盲目地跟着人潮挤进去，毕竟在这个世界上可以生存的职业有几千种。不过，对于时下的年轻人而言，他们往往是盲目跟着潮流的风向标，初生牛犊不怕虎，有一种不撞南墙不回头的气势。甚至，有的年轻人撞了南墙也不回头。根据统计，有个学校三分之二的男生将他们的职业选择集中在两万多份职业中的五份，而且有五分之四的女生也干着同样的事情。因此，我们总能看见那些被人们誉为热门职业的岗位处处都是人，而且还有无数的人朝着这个位置上拥挤，不过，正是这样的行业中，却可以发现那些年轻的白领焦躁不安、神经性焦虑的情绪。因此，年轻人在向他人咨询就业指导的时候，需要小心谨慎，当有人向你推荐进入职业已经饱和的如法律、旅游、广播、电影和其他光鲜的职业，这时需要非常小心，当心受骗。

富兰克林·L. 比特，作为费城房地产实业公司的工作人员，他介绍了人寿保险销售行业的情况：人寿保险已经连续20年成为美国最优秀的保险销售。不过，有百分之九十的人在刚刚进入这个行业的时候就会备感挫折，他们最多坚持了一年就会选择放弃。结果只有那百分之十的人选择了最终坚持下来，当然，本应该由那十分之九的人应该销售的份额竟然由这十分之一的人创造而成。换而言之，那十分之九的人将完成销售剩下的十分之一的份额。

这样说起来估计有点复杂，我们可以举一个简单的例子：假如你选择从事销售人寿险，而且你所在的十个人中估计有九个人会在一年之内放弃这个行业，而剩下的这个坚持下来的人在他所在的十个人中只有十分之一的机会可以赚得一万元。也就是说，你想要赚得一万元估计只有百分之一的机会，免受生活压力之苦。所以，就人寿保险这个行业而言，几乎每年都有无数的人根本不考虑这个行业的后果而选择一头扎进来，结果却半途而废，所以，对于这样的行业应该选择拒绝。

相信很多人都有这样的困惑，当我们还在困惑“人为什么活着”的时候，社会已经在不自不觉间来到了我们身边。这时候，择业问题自然又是一大难题，最关键的原因在于很多人都不知道自己究竟要干什么，或者是随波逐流，或者是盲目寻找，或者是无所事事。总之，他们的生活变得一塌糊涂，绝大多数人选择了“走一步算一步”。假如你不再盲目寻找，选取为自己制定一份详细的职业规划，那么，你的生活在那一刹就会发生变化。

下面我们来了解一下井上富雄的故事。

井上富雄是日本著名企业家，他年轻时曾在IBM工作。不幸的是，在他刚进入公司不久，由于自己体质衰弱，积劳成疾，一下子病倒了。但是，井上富雄并没有感到绝望，他凭着坚强的意志与病魔搏斗了3年之久，身体总算恢复健康，并重新回到公司工作。

当时，井上富雄已经25岁，他觉得自己这辈子不能这样过，需要为自己做一个25年的职业规划，这是他第一次为自己制定职业生涯的规划。之后的每一年他都为自己未来的25年制定新的职业规划，比如在28岁时，制定了53岁时的职业规划；到30岁时，就制定了出到55岁的职业规划。

最开始，井上富雄并没有考虑太多，他觉得自己生病之后重新回到公司耽误了时间，那些比自己晚进公司的后辈都超越了自己，他希望能在两三年之内通过有效的职业规划赶上他们。尽管这非常不容易，但他并不是一个轻易认输的人。由于害怕自己太过劳累而导致旧疾复发，他就想出了一个可以悠闲工作且又可以休息的方法。他说:“好吧，既然别人已经花了3年的时间，那我就花6年的时间；别人花5年的时间，那我就花上10年的时间，只要我保持这个劲头，一步步向前走，最后我依然会有所成就的。”

当然，井上富雄最终成功了。在30岁时，他成了经理；在40岁时，当上了总经理，他升职的速度比别人快得多。在他47岁时，他干脆离开IBM，自己经营公司。

如果有一个清晰的职业规划，对任何人而言都是非常有用的。女士们，你是否有清晰的职业规划呢？有的人表示，自己几乎两三个月就要换一次工作，而原因则是千奇百怪。甚至还有的人说，身边的朋友换工作比换男朋友还快，都不知道她到底要选择什么样的工作。事实上，他们都在职业选择中迷失了自己，陷入了盲流中。

心理启示

如果你选择了盲目寻找，那失去的不仅仅是工作，还有你的人生目标，所以，舍弃盲目寻找，认清前面的方向，选择详细的职业规划，有助于你找到人生的方向，铸就美好的未来。

第02章

期望心理——恪守本分勿抱怨

通常而言，公司非常清楚每个员工的发展期望，并通过各种途径使其得到满足。相应地，每一位员工也在为公司的发展全力奉献，因为他们总会相信公司会实现自己的期望。事实上，正常的期望心理无可厚非，作为员工应该恪守本分，不要总是抱怨。

你的工作是否做到位

生活中，人们在各行各业里谋生存，每个人都有自己的工作职责及标准，比如军人的职责是保家卫国，老师的职责是教诲子弟，因为每个人所处的具体位置不一样，所以他们的工作职责也有所差异。但事实上，即便处于不同的工作职位，但领导对其希望无一例外都是——把工作做到位。

海尔集团总裁张瑞敏曾说：“假如让一个日本人每天擦六遍桌子，他一定会始终如一地做下去；而如果是一个中国人，一开始他会按要求擦六遍，慢慢地就会觉得五遍、四遍也可以，最后索性不擦了。”日常工作中，大部分人做事的缺点就是工作不仔细、做得不到位，每天工作马虎一点，那时间长了就会成为“老油条”了。

有一次，耶稣带着自己的门徒彼得徒步远行，在路途中发现了一块破烂的马蹄铁。耶稣示意彼得将这块铁捡起来，但是，彼得却懒得弯腰，装作没听见，径直朝前走了。耶稣看见了，一句话没说，却自己弯腰捡起了马蹄铁，然后将这块铁在铁匠那里换了 3 文钱，又用 3 文钱买了 18 颗樱桃。

于是，两人继续前行，在一片茫茫的荒野。天气干燥，再加上赶路的疲惫，彼得渴坏了。耶稣见状，故意让藏在袖子中的樱桃掉出一颗，彼得看见了，赶紧捡起来吃掉。耶稣走在前面，边走边丢，彼得也就狼狈地弯腰 18 次。

这时，耶稣回过头对彼得说：“当初你弯一次腰，就不会有后来没完没了了地弯腰了。”

如果一次性把事情做到位，那在后面的工作中就可以省去许多不必要的麻烦，这样工作也将更加有效率。许多工作多年的人都有这样的经历：常常为了早点结束工作，迅速地将事情做完，并没有过多地考虑细节问题，最后不得不重新做一遍。如此一来，有时候我们浪费的并非只是别人的时间，还有自己的时间，而原因就在于没有将工作做到位。

工作无法做到位不但会给自己带来麻烦，还会给别人带来麻烦，甚至有可能给领导带来工作的麻烦。对于公司安排的工作，如果你没去做，那领导就会去做；如果你的事情没做到位，那领导就会帮你收拾烂摊子。当工作没做到位，就会花时间去补充、修正，这样一来，不但浪费自己的时间，还会占用别人的工作时间，所以最好尽力把工作一次性做到位。

张三和李四同时受雇于一家店铺，拿同样的薪水。一段时间后，张三青云直上，李四却原地踏步。李四想不通，老板为何厚此薄彼？

老板于是说："李四，你现在到集市上去一下，看看今天早上有卖土豆的吗？"一会儿，李四回来汇报："只有一个农民拉了一车土豆在卖。"

"有多少？"老板又问。

李四没有问过，于是赶紧又跑到集上，然后回来告诉老板："一共40袋土豆。"

"价格呢？"

"您没有叫我打听价格。"李四委屈地申明。

老板又把张三叫来："张三，你现在到集市上去一下，看看今天早上有卖土豆的吗？"

张三也很快就从集市上回来了，他一口气向老板汇报说："今天集市上只有一个农民在卖土豆，一共40袋，价格是两毛五分钱一斤。我看了一下，这些土豆的质量不错，价格也便宜，于是顺便带回来一个让您看看。"

张三边说边从提包里拿出土豆，"我想这么便宜的土豆一定可以赚钱，根据我们以往的销量，40袋土豆在一个星期左右就可以全部卖掉。而且，咱们全部买下还可以再适当优惠。所以，我把那个农民也带来了，他现在正在外面等您回话呢……"

工作做到位，不仅仅在于按照领导的吩咐去做事，还在于你积极主动地寻求做事的诀窍。如果领导只吩咐你询问价格，那你就真的只做这件事，而不顺带将其他情况一并问清楚，等到领导追问事情的进展时，你只会哑口无言。

大部分的员工所做的工作程度只能称为“差不多”，按时上班，却不及时完成工作；每天早出晚归，但工作却不见成效。对他们而言，工作差不多就行了，并不需要追求精益求精。

1. 工作积极主动

一些员工在工作时怀着这样的心态：当一天和尚撞一天钟。在他们看来，反正是混日子，工作嘛敷衍一下就可以，这样自己还有工资可拿。事实上，这样一种极其消极的态度，工作不认真会成为职场之路的最大绊脚石，同时，因为长时间养成工作不认真的习惯，这样的习惯往往会给生活也带来很不利的影响。

2. 不要凡事都差不多

一些人自己做事总是差不多就行了，而且他们还看不惯认真工作的同事。当同事正在努力思考解决问题的方法时，他却泼冷水：“差不多就行了，何必那么认真呢？”其实，人生最怕“认真”二字，只要认真了，事情就往往成了。

心理启示

许多安于现状的员工，当他们工作做到99%的时候，就开始沾沾自喜。其实，在职场，领导从来都是拿着显微镜来审视你的工作能力，并实行一票否决制。即便你生产了一百件产品，有一件不合格，那领导就会说“你的产品质量不过关”，而不会说“你的产品有一件不过关，另外99件都是合格的”。

你总是边工作边抱怨吗

工作中可能会有很多烦心的事情，比如有刁钻的客户，使坏的同事，严厉的领导，等等，这些事情简直可以说是烦不胜烦。于是，下属开始见人就抱怨了，一边埋头工作，一边对工作不满；一边在完成任务，一边却愁眉苦脸。这样的场景若是被领导看见了，他会认为你是一个干扰工作，爱牢骚的人，只知道对工作环境发牢骚、泄怨愤。可能有的下属希望工作和环境秩序好一点，却不能在适当的场合，用适当的方式认真地提出来，而只是一味地抱怨。这样一来，同事会认为你很难相处，而领导也会认为你没把精力放在工作上。结果，升职、加薪的机会都被别人抢去了，而你只有抱怨，抱怨完了这个又抱怨那个，一年到头，估计没抱怨的时间很少。实际上，领导是最反感那些有事没事抱怨的下属，因为领导的工作已经够忙了，他根本没有心情来听你抱怨。所以，作为下属，你需要避免抱怨，而是向领导表现出工作的快乐。

小娜在一家广告公司做文案，她正是因太喜欢抱怨而影响到了自己的工作，更为关键的是，她犯了在领导面前抱怨的大忌。

有一天，她正为不知道新品牌的牙膏该如何表现出独一无二的清新感，而在电脑前伤透脑筋的时候，领导迎面走来，问道："小娜，还好吗？工作进展得怎么样了？"小娜带着无力的眼神说："我正在苦思当中，但我很难想出新的创意。"接着，小娜略带抱怨地诉苦道："这家广告客户真是够愚蠢的，艺术指导能力不足，业务经理又混日子，也许事情总是物极必反，越大的公司越容易走下坡路。"就在小娜说完最后一句话，只听领导丢下一句话："我朋友大概快来了，偏偏眼睛有点不舒服。"眨了眨眼睛后，领导就悄悄走回了办公室。

在这次简短谈话后的几个月以内，曾是公司里最炙手可热的广告新星小娜发现自己不再获选为重要广告案的一员了。受挫的她向领导寻求其中的原因，这次领导一改往日的温和态度说：“我如何相信你去处理大的案子呢？你根本无法专注于工作，而只是抱怨客户的要求太苛刻，我能放心吗？”

没想到，因为在领导面前抱怨几句，就直接影响到自己的工作。或许，就连小娜自己也没想到，领导会如此看重一个人是以何种态度来面对头疼的工作的。仔细揣摩领导所说的话，我们可以明白，当员工一直以抱怨的心态工作，他就难以将工作完成得很好，因为总是会抱怨客户，抱怨领导，甚至还会抱怨办公室的光线太暗。

约翰是麦当劳的一名普通员工，每天的工作就是不停地做很多相同的汉堡，没有什么新意，但是他从来不抱怨，而是非常快乐，从来都是用满怀善意的微笑来面对他的顾客，几年来一直如此。他的这种真挚的快乐，感染了很多人。有人不禁问他，为什么对这样一种毫无变化的工作感到快乐？究竟是什么让他充满热情？

约翰回答道：“我每做出一个汉堡，就知道一定会有人因为它的美味而感到快乐，那我也就感到了我的作品带来的成功，这是多么美好的事情。我每天都会感谢上天给我这么好的一份工作。”

由于约翰以一种快乐的态度工作，这家店的生意越来越好，名气也越来越大，最后终于传到了麦当劳公司总管的耳朵里，于是，约翰得到了总公司的一个重要职位。

喜欢抱怨的人，其内心是消极的，他们总是处于失望、绝望的情绪中，发现工作中没有一件事情是称心如意的。于是，他们以抱怨的方式来发泄内心的糟糕情绪，但越是抱怨，却发现情绪越来越差，除了这个，其他什么都没改变。久而久之，他们的抱怨就成了一种习惯，经常会在领导面前抱怨：“我已经连续加班一个月了，这样下去我怎么可能受得了”“这个案子真的好难写，我实在写不下去了”。而聪明的下属，则总是在领导面前表现自己快乐的一面，这会在某种程度上感染领导，从而获得领导的赏识。

近几年，随着职场生存压力的严重加剧，越来越多的人开始加入到“抱怨大军”的行列之中，不过，一边抱怨一边工作真的能改变现状吗？

1. 避免自己成为“祥林嫂”

在工作过程中，解决和平衡这些压力和危机感，员工总是没办法做到内心的平衡，无形之中就会产生抱怨。而且，当员工对工作、领导的抱怨及产生的矛盾无法排解的时候，就会成为抱怨不断的“祥林嫂”。

2. 抱怨之前先思考发生了什么事

当一件事情发生的时候，不必急着去追问这件事到底如何，而是需要先知道自己对这件事的感觉如何。不管遭遇什么样的逆境，都需要停下来，休息一下，思考一下究竟发生了什么事情。

心理启示

实际上，在领导面前抱怨根本不是明智的行为，除了把他的心情也变得糟糕以外，你得不到任何的帮助。睿智的领导者觉得，一个经常抱怨的下属是难以成大事的，因为当别的同事在努力工作的时候，他却在抱怨中午食堂的饭难吃。反之，一个能从极其枯燥的工作中感受到快乐的下属，是很容易成大事的，因为他积极乐观，即使在最糟糕的环境下，他那快乐的心情依然未曾改变。

你以什么态度完成工作

每天做好本职工作，每天都能做好手边的事，有几个人能够做到？你以什么态度完成工作呢？在现实生活中，有些人好高骛远，在工作的重压下，眼前的一点点收获和利益不足以满足他们那颗强烈追求的心。于是，他们的眼光变得很长远，长远到遥不可及但却异常渴望。不知不觉，高不成低不就成了他们的习惯，在对生活的憧憬中，偶然有一天，他们低头会发现，原来自己每一天都荒废了，都在原地的小小的圈子里踏步，远走的是心，而不是自己的脚步。

给自己一个清晰而合理的目标，在较短的时间内、正常的努力范围内，它是高高地踮脚就能够到的，这样的目标才会对你的人生起到推进的作用。而那些看似远大，只能当作谈资而最终束之高阁的理想，对于它的过分追求，最终成为一种妄想。

别想一下就造出大海，必须先由小河川开始。世界上没有一步登天的奇迹。一个人恪守自己“将小事做大”的原则，做任何工作都是循序渐进。如果想获得成功，就必须做好本职工作，哪怕是一件微不足道的小事。可能你在短期内能获得一两次成功，但是不能获得长久的成功。但通过慢慢添加一砖一瓦，踏踏实实地坚守自己的位置，最后建造出属于自己的美丽城堡。

人就应该从基础工作做起，认真完成每一项工作。人们应该通过认真工作来磨炼自己的情操，切勿好高骛远，而是坚守脚踏实地的工作态度，这样才能逐渐地积累自己丰富的阅历和宝贵的工作经验，而这对于以后从事更富有挑战性的工作是一个准备。当他们最后面对比较复杂的工作的时候，依然能够胸有成竹地去完成它。巴菲特经常告诫孩子们“工作无大小”。面对任何一件工作都需要我们去认真对待。只有当你用心去面对一切的时候，才能够做到认真处理每一件事情，这样才能为自己积累更多的经验，也才能把领导交给我们的任务完成。

我们在面对任何一件事情的时候，都要脚踏实地，才能做到循序渐进，才能获得最后的成功。犹太巨商中的大多数人都是通过自己白手起家来达到成功的，在职业之初，他们一般都是从事最底层的工作。但是他们并没有为自己位于底层而气馁，相反，他们正是把底层作为他们自己的展现平台，也是成功的开端。

1. 对工作负责就是对自己负责

一个人的工作态度直接决定了其行为，决定了其对待工作是否尽心尽力，是否积极进取。当一个员工每天满足于现状，那就意味着他工作态度是敷衍了事。当然，这样的人从来不会为更高的目标做准备，就没办法超越自己。

2. 注意工作的方法

尽管工作需要无条件执行领导的命令，但绝非盲目服从，而是学会变通。所以，作为员工，需要珍惜自己的工作机会，每天尽心尽力地工作，还需要提高工作效率，改变工作方式，这样不知不觉间就会得到领导的赏识。

心理启示

正可谓“一屋不扫，何以扫天下”。凡成大事者需要从小事做起，踏踏实实地做好生活中的每一件事，小事做多了就成大事了。无论工作多么平凡，多么不起眼，他们都能够将那些看似普通而又细微的工作干得很出色。

你花了多长时间完成工作

时间观念的改变，会使一个人的生活更丰富、更充实，在管理时间、利用时间的过程中，你的做事效率必定也会有一个很大的提升。时间对于每一个人来说，都是无法挽留的，它就像东逝之水，一去不复返。当一天结束时，时间不会留作明天待用。一个有所作为的人，必须学会有效地安排时间，有效地利用时间，更为重要的是优化自己的时间观念，提升自己的做事效率。

萧伯纳则说：“世界上只有两种物质：高效率和低效率；世界上只有两种人：高效率的人和低效率的人。”如果你不想做一个低效率的人，你就需要获得比别人更多的知识、方法和思维。只有当你找到了世界上最有效率的方法时，你才能赢得世界的尊重和梦寐以求的财富。

高效率意味着高投入，没有投入就没有产出，低投入只能带来低产出。对大脑的投资是一种决定命运的投资，只能以最大最优先的投入对待。对大脑的投资也是一种产生最大效率和最大收益的投资，永远不会亏本。明白了这个道理，你才能拥有正确的时间观念，才会有获得财富和社会地位的能力。你才能获得比别人更高的效率，你才能跑在赛道的最前面。

诺斯古德·帕金森是英国著名的历史学家，他在分析了为何“大型组织大而无当，毫无生气”时，指出：“事情增加是为了添满完成工作所剩的多余时间。”这个定律告诉我们，工作效率低，是因为我们给了这个工作太多的时间。

帕金森描述了一位老太太花了一整天时间，寄一张明信片给她侄女的过程：花一个小时找那张明信片；花一个小时找眼镜；花半个小时查地址；花一个半小时写明信片；用20分钟考虑寄信时要不要带伞。就这样，一个人只需花3分钟就能干完的事情，却让另一个人花了一整天时间才干完，并且犹豫不决，疲惫不堪。

帕金森得出结论：“做一份工作所需要的资源，与工作本身并没有太大的关系，一件事情膨胀出来的重要性和复杂性，与完成这件事花的时间成正比。”换句话说，给自己很多时间做一件事，不一定能提高工作的效率。时间多反而容易使人懒散，缺乏动力，效率低。一个学生平均成绩一直较低，家长只好让他修学分最低的功课。儿童心理学家却建议这个学生多修一些课。结果出乎大家意料，这个学生多修课后，所有功课成绩不降反升。事实上，这个学生要做的就是打起精神，提高学习效率。

我们常说，观念决定思路，思路决定出路。对待一件事情，一堆事情，一天的事情，甚至是更为长远的规划，能做到帕金森那样对利用时间、提高效率有如此清晰的认识，你投资大脑的工作就取得了卓越的成效，你将出现可喜的转变。

一些成功的企业家告诫年轻人，有什么样的思想观念，就有什么样的工作效果。不断地更新观念，不断地分析自己、认识自己、提高自己，才能改变不执行和浪费时间的不良习惯，提高整个企业的运转效率，自动自发地做好本职工作。

在这个世界上，做同一种工作的人不计其数，做同一种工作的方法更是数不胜数，其中不乏效率高的方法。这就需要自己去寻找、去借鉴。在这个追求高效率的社会里，抓不住效率的绳索，就会被高效率的机器甩出十万八千里。没有效率意味着死亡。不投资大脑也就意味着没有效率。

提高做事效率，其中重要的一项是提高执行力。要提高执行力就要做到加强学习，更新观念。日常工作中，我们在执行某项任务时，总会遇到一些问题。而对待问题有两种选择。一种是不怕问题，想方设法解决问题，千方百计消灭问题，结果是圆满完成任务；另一种是面对问题，一筹莫展，不思进取，结果是问题依然存在，任务也不会完成。反思对待问题的两种选择和两种结果，我们会不由自主地问，同是一项工作，为什么有的人能够做得很好，有的人却做不到呢？关键是思想观念认识和对待时间的态度。

成功的优势是：知识和能力上很小的一点差距就能够带来迥然不同的结果。在其中，对于时间观念的正确认识，对于做事效率的掌控是人与人之间能力和知识差别的重点。

心理启示

投资大脑，为未来准备知识，知识和经验能使你在新的形势中迅速找出规律，你找出规律越多，你的效率提升越快，你在各种情况下作出抉择、采取行动的速度就越快，你的时间也就节省得越多，这就会使你迅速迈入成功者的行列。

你的工作是否做到了极致

小事成就大事，细节成就完美。在工作小事上认真的人，做大事一定成绩卓越。因为细节最能体现一个人的智慧和美德。完美的细节代表着永不懈怠的处世风格，也是一个人追求成功的资本。

一位伟人曾经说过：“轻率和疏忽所造成的祸患将超乎人们的想象。”生活中若总是粗枝大叶，马马虎虎、鲁莽轻率就会失去很多原本属于自己的东西，而留下一生的遗憾。

对于员工来说，不论多么远大的理想，都需要一步步实现；不论多么浩大的工程，都需要一砖一瓦垒起来。平庸和杰出的差距就在一些细节中，这是一个细节制胜的时代，对于自己的工作无论大小，都要了解得非常透彻，数据应该非常准确，事实也应该非常真实，这样才能脚踏实地完成宏伟的目标。

最聪明的人设计出来的最伟大的计划，执行的时候还是必须从小处着手，整个计划的成败就取决于这些细节。近些年，细节决定成败的口号喊得越来越响亮，但仍有些人做事毛躁马虎，以至于带来无尽的烦恼，甚至带来意想不到的损失。

即使现代生活步伐再快，我们仍要精益求精，一丝不苟，若马虎地对待工作，工作也会马虎地对待自己，而若能细心对待生活，注重生活中的细节问题，也许就会有意料之外的收获。

绝大部分企业家会知道一些十分精确的数字：比如，全国平均每人每天吃几个汉堡包、几个鸡蛋。之所以要了解得这么清楚，是因为他们想确保细节上多方面的优势，不给竞争者可乘之机，哪怕是一些细枝末节的漏洞。对所有人来说，熟知细节是最佳的训练，尤其是面对紧急、影响重大的事情，这些知识更是有用。

一个男孩子的父亲有一个很大的养鸡场，当男孩10岁的时候，父亲给了他50只鸡让他饲养。当然，这一切是有条件的，一是这些鸡都是父亲挑剩的劣质子鸡，二是养鸡要自负盈亏。

男孩子欣喜若狂，信心十足地开始了自己的第一次经营活动。他对养鸡的事一窍不通，于是便认真地观察起来。通过观察及吃食的情况，他渐渐发现一个问题：当一个鸡笼里的鸡少一些的时候，小鸡吃得就多，长得就快；但是鸡太少的时候，又会浪费鸡舍和鸡饲料，所以必须掌握最佳的结合点。经过一段时间的摸索，男孩总结出每个鸡笼里养40只小鸡是最合适的。在男孩的精心饲养下，那些原本蹩脚的小鸡日渐改观、逐渐长大。当这些鸡开始产蛋的时候，每月卖鸡蛋的纯收入达15美元，这在大萧条时期可是一笔不少的钱。

后来，这些原本劣质的鸡雏的产蛋量远远超过了父亲的那些良种鸡。开始时，父亲不相信，当他亲眼看到男孩卖了鸡蛋拿到钱的时候，才不得不对孩子夸赞几句。

父亲对男孩的评价是："能够注意到细小的环节，并且能够认真实施和改进。"

后来，父亲将一部分鸡场交给男孩子管理经营，事实进一步证明男孩的管理和销售能力，他管理的几个鸡场的效益都超过了父亲。当男孩19岁的时候，父亲将整个家禽养殖场全部交给了男孩。

这就是美国第四大家禽公司——伯杜饲养集团公司董事长弗兰克·伯杜的成长经历。

很多人之所以一生都无所成就，多是因为他们有着大事干不了、小事又不愿干的心理。小至个人，大到一个国家，每一个突破，都是来源于平凡工作的积累。没有人可以一步登天，当你认真对待每一件小事，你会发现自己的人生之路越来越广，成功的机遇也会接踵而来。

西奥多·罗斯福是个重视细节的人，凡是须经他签名的信函，他总要亲笔更动几个字后才发信。起初秘书认为自己撰写得不够好，后来秘书发现他是每封信都改，有一天，秘书实在忍不住，问总统是否对所有信都不满意。罗斯福摇头说："我为了怕收信人误认为信函全由秘书代写代打，我只不过签个名而已，所以我一定要用笔更动一两个字。这么一来，每封信都增加了'人情味'，不再那么冷冰冰了。"

心理启示

对待小事、对待细节的处理方式往往反映了一个人工作的态度。是积极面对，脚踏实地，还是整日空想成功，却不愿从身边的事情做起，这两种截然不同的态度，是成败的一个区别。

你是否把今天的工作拖到明天

行动的天敌常常是人们的拖延，而能够停止拖延的最好办法就是马上付诸行动。犹太人只占全世界人口的百分之一，但全球百分之七的财富都掌握在他们手中。这其中的一个重要原因，就是犹太人学会做行动的主人。作为员工，做任何事情都尽自己最大的努力，从来不把今天的事留给明天。做事情绝不会在那里拖延，而是做到今天的事情今天做，时刻谨记"今日事，今日毕"。保持较强的时间观念，所以绝不会拖延时间，也不会浪费时间，他们总是致力于把一件事做好。如果认定是今天必须要完成的事情，就会竭尽全力地去完成它，哪怕别人已经下班了，他还是会坚持把事情做完才下班。这就使得他们养成了做事严谨、珍惜时间的习惯，这也成为他们能够成功的一个重要条件。

对犹太人而言，他们是很注重工作效率的。如果你随便走进一个才能卓越的犹太人的办公室，你就会发现在他们的办公桌上，你是看不见有"未决”的文件的。犹太人的时间观念都极强，他们绝不愿意浪费时间。在他们“今天的事情今天完成”的观念里，积压文件的做法是非常不可取的。因为一旦发现在办公桌上有待批的文件，里面就有可能有一批是极其重要的。如果没有按时把它们处理了，就会有可能耽误重大的事情，而这是变相地在浪费时间。

而对于很多领导来说，这是尤为重要的。他们办公桌上的文件，大多是有商业往来的信件、商业函件等，其中的内容有可能是提供了一些重要的商业信息，有的则是请求商业往来，有的是关于某些商品交易。每一个文件里面都包含了一条信息，都极有可能是给商人提供赚钱的机会。如果这里面有需要急待回复的文件积压在办公桌上，等到明天来处理，就为时已晚。因为每个人的时间都是宝贵的，当对方迟迟没有得到消息，他就会选择放弃，另外寻找合作的伙伴。如果是这样，那么对于商人来说就白白失去了一个赚钱的机会。领导是十分清楚这一点的，所以，他对自己手中的文件都是极为重视的。在很多犹太人的概念里，还有“第克替特时间”的称谓。

在犹太人的上班时间里，有专门安排了处理文件时间。他们通常把上班后大约一个小时称为“第克替特时间”，即处理文件时间。犹太商人在这段时间里，就会将昨天下班到今天上班之间所接到的商业函件进行阅读，并开始回信，他们用打字机打好及时地发出去。他们在这一段时间里，为了集中精力处理这些文件，以求高质量高效率，是不让任何人打扰的。如果有人来打扰，就会影响速度和效率。在犹太人之间，通常他们会说这样一句话:“现在是第克替特时间”。这句话，在犹太人的话语里，有公认的意思，意思就是“谢绝会客”。

犹太人用“第克替特时间”来处理文件，这样能够做到高效率地办事。犹太人一般把“马上解决”这句话作为自己的座右铭，所以，他们特别注重办事的效率和时间。如果他们有事情，就马上致力于找到解决的办法，而不是一拖再拖，他们极其重视时间观念。所以在他们看来，拖延昨天的工作，是最可耻的事情。他们力求今天的事情，今天就能够完成，而不是拖到明天。

只有时间才是最宝贵的，他们还认为一个人如果当你认识到时间的宝贵时，你也会变得富有。对于时间观念极强的犹太人，无论是在生活中，还是在工作中，都极为珍惜时间。所以他们做任何事情的原则就是今天能完成的事情绝对不会拖到明天。所以哈同在做看门工的时候，晚上还会利用休息的时间阅读一些经济类的书；而洛克菲勒更是愿意一天工作 48 个小时，来达到自己的工作量。他们都会在别人休息的时候，开始努力地工作，于是，他们总能比别人多一些成功的机会。

心理启示

《塔木德》中写道："金钱能够储蓄，而时间不能储蓄。金钱可以从别人那里借，而时间不能借。人生这个银行里还剩下多少时间也无从知道。因此，时间更重要。"用投资来作比喻，投入多少不能用金钱来衡量，而是用时间来计算。因为在时间和金钱这两项资产中，时间显得更为重要。

第03章

情绪心理——乐观应对不消极

职场生存，人们常常面对升职的压力、人际沟通的压力、工作的压力，很容易出现职场消极心理。然而，作为职场人，必须承受这些压力，并将其转化为动力，才能轻松驰骋其中。

压力是否来源于不良习惯

你是否感到压力重重？那你是否有这样一些习惯呢：早上若是感觉不怎么饿，就干脆不吃早餐，也省去了麻烦，如果实要吃早餐，也会去小摊买点油炸食品；中午休息时间太短了，直接到快餐店来份午餐，匆匆解决掉；晚上几个朋友一起喝酒聊天吃火锅，玩得不亦乐乎；直到深夜了还会在街上吃点夜宵再回家……

现代社会，不管是工作、生活都给人们带来无形的压力，压力大的人们总感觉疲惫不堪，烦躁不安，或者焦虑，这对身体健康十分不利。或许你会问，到底是什么让自己的压力怎么也减少不了呢？实际上，有些压力来自于你自己的一些生活习惯，比如以上这样的生活习惯。

甚至，强大的压力还会导致人们的身体陷入“亚健康”状态。可能有人还在疑惑，“亚健康”到底是什么？用比较通俗一点的话说，就是你已经接近生病了，虽然从表面上还看不出什么具体的症状，自己也没明确地感觉到身体有不舒适的症状，但是也许就在你转头的一刹那，可能疾病就出现了。当真正的疾病来临，你可能还在迷惑之中：身体不是好好的吗，怎么说病就病了呢？其实，这就是你没有及时地认识到自己的身体已经处在了“亚健康”的边缘。

梦洁刚刚大学毕业，在家人和朋友的帮助下找了一份不错的工作，每个月薪水不少，唯一不足的就是太忙了，忙得都没有睡觉的时间。所以，早上为了能赖那么十几分钟的床，她索性就省去了早餐。有时候，闻着隔壁小吃店的美味，也忍不住买点东西吃。但是，她从来不喝牛奶吃面包之类的，她觉得那样的饮食搭配寡然无味，还不如吃点油炸食品。

中午的时候，当别的同事都出去吃饭了，梦洁还在公司忙碌着，经常都是叫外卖，吃着快餐店的饭菜，她都分辨不出什么是美味、什么是难吃，只要能吃饱就好了，这样下午才有力气工作。在她看来，中午这顿不用花多少心思，因为白天大家都忙，还不如留着肚子晚上吃个痛快。傍晚，梦洁结束了一天的工作，邀约几个好朋友去酒吧玩，喝酒唱歌跳舞，好像把白天工作所带来的那种负荷都摆脱得一干二净。玩到很晚，大家才散伙，因为在酒吧只顾着喝酒，这时候才发觉饿了，于是又吃着路边的烧烤，或者回家煮包泡面。

她从来没觉得自己的饮食有什么问题，直到她最近觉得身体不太对劲。在医院，当医生把“亚健康”这样的字眼抛给了梦洁，她有些不相信，自己才刚刚大学毕业，正值青春年华，怎么会处于“亚健康”状态了。医生笑着说：“就是你们这个年龄，自认为太年轻了身体就很好，不珍惜身体，不注意饮食，所以，你们要特别注意自己的饮食习惯，否则还会引发身体疾病。”梦洁拿着医师开的营养饮食清单，心里却在想，自己还真舍不得那深夜的美味烧烤呢？可是，一方面又是身体的健康问题，她陷入了纠结。

也许，我们身上都有梦洁的影子，不讲究早餐午餐的营养，却贪念深夜的美味烧烤。但是，如果不良的饮食习惯和身体健康摆在面前，自己又会作出怎么样的选择呢？虽然受到了医生的警告，但有的人还是“不见棺材不掉泪”，任性地折腾自己的身体，直到躺在了医院才发现事情的严重性。其实，在这样的情况下，我们应该作出正确的选择，舍弃不良的生活习惯，摆脱“亚健康”的影子，恢复自己的健康身体。当你身体处于一个健康的状态，心情自然也会好起来，也会使压力得到缓解，工作也很有劲头，你会发现生活原来是多么的美好。

美国《赫芬顿邮报》近日总结了10种会诱发压力的不良生活习惯，各位不妨自我检测一下：

（1）沉湎于数字媒体。这种行为会导致自己产生孤独感、工作倦怠感。

（2）压抑感情的宣泄。压制情绪会让压力内生化，从而对身心健康造成负面影响。对造成压力的事件采用积极的方法应对，就能增强对它的掌控能力。

（3）久坐不动。研究表明，缺乏运动会给人的生理和心理带来挫败感，锻炼能很好地克制焦虑情绪。

（4）为金钱不顾兴趣爱好。有大量的心理学研究表明，财富会引发压力效应，破坏幸福感。很多人相信钱可以使我们感到幸福，但事实上，除了那些极度贫困的人，钱并不一定能买来幸福。

（5）追求完美。普通人不要刻意去追求完美，力争把事情做好即可。培养感恩之心有助于完美主义者适度降低他们的预期水平，从而减轻承压水平。

（6）对一切事情过度分析。反复思考只会增添更多的焦虑情绪，对女性来说更是如此。

（7）购物成瘾。物质至上主义者会增强压力的不良效应。

（8）介入别人的压力。大脑很敏感，当人们接近别人的压力圈时，就会向大脑发出感到担心的信号，让人容易做出承受压力的效仿行为。

（9）认为压力所引起的睡眠障碍不重要。短暂的压力并不会影响睡眠，但不重视这种现象，进而导致长期缺乏睡眠，会让人更难处理压力。

（10）过分注意自己的财务状况。为了达到收支平衡而努力奋斗不仅会引发焦虑感，还会影响到认知能力。

心理启示

这些不良的生活习惯会给我们带来无形的精神压力，在不知不觉间占据内心，赶走快乐，使人们变得更加焦躁和不安。如果你感到一些无形的压力，那么先来自我检测一下，你是否具备这些不良的习惯呢？如果存在，那就想办法改掉这些不良习惯吧。

错误的工作方式会使人倍感疲惫

卡耐基说："良好的工作习惯可以令人有效率地工作，自然可以减轻一个人的疲惫感，当然也可以帮助人们消除内心的忧虑。"有这样一句俄罗斯谚语:“巧干能捕雄狮，蛮干难捉蟋蟀。”这句话道出一个普遍的真理，即做事需要讲究方法，巧干胜于蛮干。埋头做事是好事，但如果你使用了错误的方法，只会让事情越来越忙，自己也越来越感到压力山大。生活中，没有一成不变的事情，处理不同的情况，需要我们因时因地制宜，作出不同的对策。所以，在做事情的时候，需要一种求实的态度和科学的精神，在任何情况下都要按科学规律办事，找准方法，这才是缓解压力的诀窍之一。

里昂多年以来一直担任西蒙出版公司的高层主管，目前是纽约州纽约市洛克菲勒中心袖珍图书公司的董事长。

在过去15年里，里昂每天都需要把一半的时间用来开会和讨论问题，比如这个问题应该这样，还是那样？或者这个问题根本不用理会，这时里昂都会表现得异常紧张，坐立不安，在房间里走来走去，与下属讨论，不停地争辩，一个会议可以开到晚上，散会时，里昂总是感觉到筋疲力尽。

在这样的日子重复很多年之后，里昂以为他这一辈子都会这样，不过，他也在想，或许会有更好的办法。在这之前，如果有人告诉里昂，减少四分之三的会议时间，可以消除四分之三的紧张感，那里昂会觉得这个人真是盲目的乐观主义者。不过，在经过了很长时间的摸索之后，里昂觉得，这真的可以，对此，里昂是怎么做的呢？

里昂的秘诀是：

第一，里昂马上停止了那套15年来会议中一直使用的程序，比如，在以前，里昂会跟那些同事先报告一遍问题的细节，最后再询问“我们该怎么办呢”？

第二，里昂订下了一条新的规矩，任何人想要问他问题，必须事前准备好一份书面报告，并准备三个问题：

（1）到底是出了什么问题？

在过去，我们这种会议一般都要开一两个小时，但是大家还弄不清楚真正的问题在哪里，大家经常是开始讨论问题，却不愿意提前写出所讨论的问题究竟是什么。

（2）是什么导致了问题的出现？

回想了过去的会议，里昂惊奇地发现，虽然在这种会议上浪费的时间很多，但最后都没有找出是什么导致了这个问题的出现，也就是说，这个会议根本没有达到预期的效果。

（3）怎样来解决这些问题？

出现了问题肯定需要解决，在过去的会议上，只要有一个人提出了一个解决方法，就有其他的人为此跟他争论，于是大家也就争论了起来，结果常常是说着说着就说到了别处，直到开完会，还在进行那个题外话。

当里昂提出这样几个问题之后，他说："过去那些跟我一起开会的人，经常会在会议上绕圈子，却从来没有想到过切实可行的解决方法，现在，我的下属很少会把他们的问题拿来找我了，因此他们发现在需要回答我上面这几个问题之后，他们已经在仔细思考问题了，当他们做了这些之后，就发现大部分问题都不需要再来找我商量了。"

以上就是里昂如何摆脱无形的工作压力，在过去，每当里昂结束一个会议，总感觉很累，而且更糟糕的感觉是问题还没得到解决，既浪费了时间，又觉得根本没达到自己想要的效果。长此以往，最终的结果是里昂越来越害怕开会，甚至他听到"开会"这两个字都会打不起精神来，这其实就是一种无形的压力，它不断地使人否定自己，打击自信心，最终他就会在重压之下变得更糟糕。

那么，如何保持正确的做事方式，这里有一些秘诀，可以帮助我们找到正确的做事方式，从而使压力得以缓解：

1. 尽早处理手头的事情

假如你的办公桌堆满了信件、报告、备忘录之类的东西，那慌乱的场景会令人产生混乱、紧张和焦虑的感觉。而且，如小山般的文件，会让人产生错觉：还有一大堆工作等着我去做，但是我已经没多少时间了。而且时间长了，这种情绪还会促使人患上高血压、心脏病和胃溃疡。

2. 按事情的重要程度来排序

全美市务公司的创办人亨瑞·杜哈提说："不管我出多少钱的薪水，都不可能找到一个具有两种能力的人，这两种能力是，第一，能思想；第二，能按事情的重要次序来做事。"当然，永远按照事物的重要性做事并非那么容易。但是，假如制订好计划，先做计划上的第一件事，那绝对比你随便做什么事情要有效果得多。

3. 遇到问题时，尽可能当场解决

已故的豪厄尔曾经是美国钢铁公司的董事，当时他最烦恼的事情就是开董事会。因为每次开董事会都要花费很长的时间，在会上总会有许多问题需要讨论，不过最后却不容易形成决议。最后，董事会的每一位董事都不得不带着一大包文件回家细看。所以，遇到问题时，尽可能当场解决，决不拖延时间。

4. 学会组织、分权和监督

许多人做任何事情都是亲力亲为，他们不懂得将责任分摊给其他人，结果自己累死累活，而且还烦恼一大堆。在这种情况下，即便一件小事情也会让他忙得够呛，他总感觉时间不够用，总感觉焦虑和紧张。尽管分权对于自己而言不是那么容易，不过，这并不表示我们不需要分权，事实上分权是领导者们避免忧虑、紧张和疲惫的最佳方法。一个位于领导者位置上的人，假如不会组织、分权和监督，那他估计在五十多岁、六十出头就会死于心脏病。

心理启示

爱因斯坦说："成功＝艰苦的劳动＋正确的方法＋少谈空话。"许多人每天瞎忙，他本以为自己已经够拼了，但为什么压力还是那么大呢？忙并不代表你努力，"做事"的方式最重要。正所谓"一分耕耘，一分收获"，努力是很重要的，但做事方法更重要，如果方法错了，那拼搏也只会带来无尽的烦恼。

职场休克，如何轻松应对

不管是刚步入职场的年轻人，还是工作多年的经验丰富者，他们都可能忽然对自己目前所从事的职业失去兴趣，对自己的职业生涯感到非常迷茫，这是一种正常现象，被心理学家称之为“职场休克”。有些人因其内向的性格，更容易陷入职场休克。通常有职场休克的人一直以来做事积极主动、认真负责，却忽然感到厌倦松懈，甚至偶尔不想工作；同时对自己的未来感到迷茫，焦躁烦闷，经常感到无力应付工作。

露露是一家公司的营销总监，对于现在的工作，她用了很强烈的两个字来形容自己的心情：疲倦。在过去从业的十多年里，她换过好几家公司，不过一直从事销售工作，从一名普通销售员做到营销总监，她觉得还是满成功的。不过，她现在已经在公司任职长达 6 年，而自己太熟悉销售，领域内的一切东西似乎都能掌控了，她上班都上腻了。

露露所疲倦的是自己对工作内容和工作环境太熟悉，工作对她而言缺乏新意，没有任何挑战。有的人在大公司工作，他入职时公司框架就已经搭好了，他没有自己建立构架的成就感，没有磨合期的快感，他足够应付工作中的各种挑战，不过除了工作外没有任何惊喜，自然会感到疲惫。

若我们遭遇职场休克，该怎么办呢？

1. 主动寻找新鲜感

假如你遭遇了职场休克，那不妨利用假期换个环境，调整一下自己的心态。或者，可以利用这段时间考虑换个工作环境，给自己新的挑战，寻找新的激励点。

2. 保持新鲜感

随着公司的发展和竞争的激烈，公司会不断出现新岗位，过去的规定未见得就比较规范，有些难免跟不上新的形势和公司的发展。所以，即便是长时间在同一个公司，也有很多人是需要不断学习的。如果内向者自以为已经足够应付工作了，其实是你应该进修了。内向者应该保持自己杯子里的水的新鲜度，将杯子里一些陈旧的水倒出来，不断加入新鲜的水，这样就不会有厌倦感，也就可能避免职场休克了。

3. 时刻自省是否做到更好

有的人自以为做得更好了？真实情况却是，上司对自己千篇一律的工作方式已经厌倦了，别总以为自己才会产生职场休克，上司对这方面是最敏感的。所以，内向者在职场生涯中需要时刻反省自己，自己是否做到了最好，跟过去相比是否已经进步很多，是否已经与工作与时俱进，如此才能轻松跨越职场休克。

心理启示

假如你对目前的工作感到疲倦，那表示你已经进入浅层次的休克，而有可能前面埋伏着更大的休克。这个工程，就如同行进中的列车，司机踩了刹车，车不会立即停下来，还会慢慢滑行一段距离。现在厌倦了，已经开始职场赛跑的减速了，不过这并没有大碍。关键在于要懂得减少减速区间，给自己加氧，以防真正的休克。

塞利格曼效应：你的绝望从何而来

通常情况下，人们捕捉到的是小象，他们把小象养在木桩制成的范围内。小象小时候曾想过逃跑，但是，那时候它力气还小，无论如何用力都对付不了木桩。时间久了，在小象内心深处就树立了一个牢固的信念：眼前的木桩是不可能被扳倒的。即使小象长大成了大象，它已经有足够的力量去扳倒一棵大树，但却对圈禁它的木桩无能为力，这是一个奇怪的现象。其实，这种现象就是“塞利格曼效应”，通常是指动物或人在经历某种学习后，在情感、认知和行为上表现出消极的特殊心理状态。一旦沾染上“习惯性无助”的人会内心给自己筑起一道永远的墙，他们坚信自己无能，放弃了任何努力，最后导致失败。

美国心理学会主席塞利格曼曾做过这样一个实验：刚开始把狗关在笼子里，只要蜂音器一响，就给狗难受的电击，狗关在笼子里逃避不了电击，多次实验之后，蜂音器一响，在给电击前，先把笼门打开，这时狗不但不逃反而不等电击就先倒在地上开始呻吟和颤抖，本来可以主动地逃避却绝望地等待痛苦的来临。塞利格曼把这种现象称为“习惯性无助”，那么，在人身上是否也存在着这一特性呢？

不久之后，塞利格曼进行了另外一个实验：他将学生分为三组，让第一组学生听一种噪音，这组学生无论如何也不能使噪音停止；第二组学生也听这种噪音，不过他们可以通过努力使噪音停止；第三组是对照，不给受试者听噪音。当受试者在各自的条件下进行一阶段实验之后，又令他们进行了另一种实验。实验装置是一个“手指穿梭箱”，当受试者把手指放在穿梭箱的一侧就会听到强烈的噪音，但放在另一侧就听不到噪音。通过实验表明，能通过努力使噪音停止的受试者以及对照组会在“穿梭箱”实验中把手指移到另外一边；但那些不能使噪音停止的人仍然停留在远处，任由噪音响下去。这一系列实验表明“习惯性无助”也会发生在人的身上。

习惯是一种自然，人们不自觉地沾染上习惯性无助，就会形成一种“破罐子破碎”“得过且过”的心态，而且，这种消极心态还有可能会感染给他人。有的员工打电话给客户的时候，电话还没有接通就开始说：“你们没有这个计划啊？那好，再见。”脸上没有失望的表情，似乎已经习以为常，即使上司告诉他“这个单子你去跟一下。”他也会无奈地表示：“跟了也没用，他们没兴趣的。”这些都是生活中典型的“习惯性无助”，也许他们就是我们的一个缩影。

有一天，心理学教授罗伯特先生接到了一个高中女孩的电话，在电话里，女孩带着沮丧的口吻重复着：“我真的什么都不行！”罗伯特教授感觉到她的痛苦与压抑，他亲切地询问：“是这样吗？”女孩好像对自己特别失望：“是的，我和同学的关系不好，大家都不喜欢我，我的学习成绩一般，老师也不正眼瞧我，妈妈把所有的希望寄托在我身上，但我却无法满足她的愿望，我喜欢的男孩也不再喜欢我了，我已经感觉不到生活里的阳光了……”罗伯特教授追问：“那你为什么要打这个电话？”女孩继续说：“不知道，也许是想找个人说说话吧！”经过了一番交谈，罗伯特教授明白了女孩的问题——习惯性无助，却又缺乏鼓励。假如一个人长时间在挫折里得不到鼓励与肯定，那真的会逐渐养成自我否定的习惯。

接着，罗伯特教授说："我觉得你有很多优点，有上进心、是个懂事的孩子、说话声音很好听、很有礼貌、语言表达能力强、做事情认真、能够与人沟通……你看看，我们才聊了一会儿，我就发现你有这么多的优点，你怎么能说自己什么都不行呢？"女孩惊讶地问："这能算优点吗？没有人这样说过呀？"罗伯特教授回答说："从今天开始，请把你的优点写下来，至少要写满10条，然后，每天大声念几遍，你的自信心会慢慢回来，要是发现了有新的优点，别忘了一定要加上去啊！"

罗伯特教授这样告诉他的学生："在我们的身边，可能也有许多像这个女孩一样，在经历过挫折之后就觉得自己什么都不行，但是，我希望你们今后彻底打消这种念头，无论什么时候，在做任何事情之前，都不要急于否定自己。"

1. 经常说自己不行，最后真的不行

经常把"我不行""我不能"挂在嘴边，这是一种愚蠢的做法。因为心里暗示的作用是巨大的，当自己在经受某个挫折就断然给自己下结论"不行"，实际上是给自己一个消极的心理暗示，时间长了，你真的会习惯性地说"我不行"。

2. 可怕的不是环境，而是面对失败的态度

多次失败之后，人们成功的欲望就减弱了，甚至会习惯失败而不采取任何措施。其实可怕的不是环境，不是失败本身，而是这种无能的感觉，我们面对失败的态度！当习惯成了自然，习惯性无助就会粉墨登场——破罐子破摔，得过且过，从而成为侵蚀组织躯体的蛀虫。

心理启示

人们常常在经历了一两次挫折之后，就好像失去了挫折免疫能力，他们对于失败的恐惧远远大于成功的希望，由于怀疑自己的能力，使得他们经常体验到强烈的焦虑，身心健康也受到影响。而且，他们认定自己永远是一个失败者，无论怎样努力都无济于事，即使面对他人的意见和建议，他们也还

是以消极的心态面对生活。对这样的心态，我们应该尽量避免，正确评价自我，增强自信心，让心坚强起来摆脱无助的境地。

你是温水里的青蛙吗

在职业生涯过程中，我们总会处于各种各样的环境中。不过，若是在同一种环境下工作得太久，总免不了会产生一种现象，那就是被环境同化，使自己丧失上进心和适应能力，而只能适应目前的工作环境。大量数据显示，人们做同一份工作差不多3年之后，工作环境就会产生类似“青蛙效应”：工作环境和身边的同事太熟悉，工作基本缺乏太大的挑战，可以说是安逸稳定，也可以说原地踏步。对自己而言，尽管现在的工作难度看起来不那么大，也清楚这样的安逸状态持续下去是可怕的，不过却缺乏接受更难工作的勇气。面对这样的情形，需要警惕了，否则你就真的成了那只温水里的青蛙了。

小娜大学毕业后，被父母安排到小镇的政府上班。这是一份悠闲的工作，工资待遇很不错，福利也有保证，工作环境安逸。这对于刚刚大学毕业的小娜而言，无疑是一种幸福，她在小职员的岗位上快乐地工作着。而这一时期，一起毕业的同学还在辛苦地奔波找工作，比起他们，小娜觉得自己起点高多了。而且，自己的工作比起那些销售、广告设计等职业，政府部门不管是人事制度还是工作方式都要更加专业，更重要的是工作难度并不大，每天只需要看看报纸、写写报告就行了，小娜觉得这是份非常安逸的工作。

五年过去了，小娜一直在政府做着小职员的工作。当她发现自己身边的朋友开始步入管理岗位的时候，自己却依然做着小职员的工作，这时她才渐渐意识到：一直从事简单的工作，表现自己的机会自然也少了很多，缺乏学习新东西的机会。而且自己一直安于现状，不主动积极争取机会，这些年来的收获甚至比当初进公司一工作就独当一面的同学少很多。尽管当初自己的待遇算是比较可观的，但现在看起来却是相差很大一截。

虽然，任何一份工作都会有令人喜欢的部分，也会有令人不喜欢的部分。一份工作是否让人喜欢，需要综合考虑，比如工作中的满足感、被认同感、个人兴趣、未来发展、薪资福利，甚至工作时间……并非每一个安于现状的人都会成为温水里的青蛙，也并非所有的温水都一定会烧开。所以，每个人的价值取向、性格脾气、家庭情况是大不相同的，做出彻底改变固然值得赞赏，不过我们若能在现有的基础上调整自己，适应环境也是值得夸赞的。

1. 你是温水里的青蛙吗

工作中涉及专业技能的内容并不多，或者即使有，也只有那么一点，已经太熟悉了，自己也没有精力再去学习；自己所从事的行业并非朝阳行业，或者即使是朝阳行业，也并非核心部门；从事工作这么多年以来，职业或待遇没有显著变化，或许几年前工资待遇是令人羡慕嫉妒的，但这几年下来，别人都已经进步了，你却依然在原地踏步；你与身边的同事一起工作很多年了，但始终只有几个才是关系不错的，甚至领导对你的印象并不深刻。

如果你符合以上条件中两个，那么你已经是温水中的青蛙了，应该保持警惕心态了。

2. 给未来一个方向

大多数人看不清楚目前的状况，对未来充满迷茫，这在很大程度上都是由于对未来没有一个十分明确的规划，也不清楚自己希望朝着什么方向发展。正所谓“生于忧患，死于安乐”，内向者不妨计划一下自己五年之后希望达到什么状态，若是按目前的状况是否可以走到那一步。

3. 拓展自己的人际关系

每一个人脉背后都是一个潜力的圈子，内向者的职场发展在很大程度上来说依赖于人际关系圈子。内向者要敞开自己的心，多认识一些朋友，这样很有可能带给自己意想不到的机会。

4. 保持好的学习习惯

不断的学习会让我们意识到身边的危险和即将出现的变化，让自己开拓视野，而不是故步自封，原地踏步。在这方面所有职业都是相通的，尽管是公认的温水环境，比如政府部门。尤其需要提醒的是，千万不要等到工作有需要才想到学习，而是将学习当成主动的目标，没事时哪怕看看书也是很不错的。

5. 适度忍让

假如自己真的决定摆脱“温水”环境，不管是寻找全新的职场机遇，还是在现有的环境下做出改变，那都需要适度忍让。这种忍让有可能是待遇方面的，也有可能是工作变动等。假如一时的后退可以换来更大的前进，那所有的忍让都是值得的。

心理启示

在温水环境里并不是最可怕的，恐惧的是身在其中却不知，依然浑浑噩噩过日子。所以，内向者需要随时保持自省的意识，保持清醒的头脑，具备敏感度和警惕性，即使在温水中，也不要太过忧虑，而是需要想办法改变自己现在的处境。

如何减少工作中一半的压力

工作中的压力真的可以减少吗？或者说，真的会有一种方法可以有效地减少一半工作上的压力吗？许多人总会表示不屑：自己已经工作这么多年，减少工作压力难道会没有方法？这个话题本身就很荒谬。然而，事实是存在的。比如，在日常工作中，我们经常会出现这样的情况：花一两个小时开会讨论问题，却没有人清楚真正的问题在哪里。那么，压力就产生了。当然，别人无法帮助你减少工作中一半的压力，因为关键在于你自己，其他人根本无法帮助你。只要你足够努力，相信你是可以成功地减少一半工作上的压力的。

许多年前，约翰满怀热情，加入到推销保险的行业中。后来发生了一些事情，使约翰非常沮丧，他开始瞧不起自己的工作，几乎要放弃了。然而，在一个无所事事的周六早上，约翰坐下来试图找出自己压力的根源，他通过自问自答的方式，找寻到其中的端倪。

首先，约翰问自己“究竟出现了什么问题”？回顾自己工作的经历，约翰发现自己非常认真地去做业务，收到的效果却微乎其微。即便约翰与客户洽谈比较顺利，但到了关键时刻，那些客户无一例外地以一句话搪塞了约翰“我再想想，你下次再来吧”。于是，约翰不得不花费更多的时间再次拜访这些客户，在这个过程中，约翰感到非常沮丧。

然后，约翰开始问自己“是否可以找到有效的方法来解决问题呢”？为了很好地回答这个问题，约翰将过去一年的工作记录本打开，认真研究真实情况。令他惊讶的是，自己的工作时间差不多有一半都浪费在那些成交量不大的业务上。原来，在约翰推销保险的过程中，明显地看出，初次见面就成交的占了百分之七十，第二次见面成交的占了百分之二十三，而第三次、第四次、第五次……以及很多次才成交的占了百分之七，而约翰恰恰将工作重点放在花费时间最多、成交量最少的业务上。

最后，约翰问自己：“那么最终的结果是什么呢？”显而易见，既然第二次以后与客户见面没有必要，那就需要将这部分时间用以去拜访新的客户，说不定成功的概率还会大很多。

于是，他决定按照这个方法去做。结果是令人惊喜的，在很短的时间内，他的工作效率差不多提升了一倍。

约翰曾经一度想放弃自己的工作，他差点就承认自己确实不适合做这行。不过，当他静下心来认真分析问题之后，他成功地找到了一种解决问题的有效方法，最终将自己引入了成功之路。如今，约翰就职于费城诚信公司，每年成功洽谈的业务高达100万美元，被誉为美国最有名的人寿保险业务推销员。

1. 收集足够多的事实

谨记这样一句话：“世界上的压力，大多数是由于人们没有足够的知识来做决定之前，就想做出决定。”一旦你收集了足够的事实，那就不会造成这样的情况，你可以作出一个有效的决定。

2. 认真分析收集的一切信息之后，再做决定

即便收集了信息，若不对信息加以分析，那是无所收获的，而这样做出的决定也是仓促的。

3. 马上将所做决定付诸于实际行动

一旦做出了非常谨慎的决定之后，就需要马上将其付诸于实际行动，不要犹豫不决，也无须为不必要的事情而感到有压力。

4. 在日常工作中，假如你因工作而压力重重，那不妨按照下面的问题和答案来作分析

请自问自答以下四个问题：第一，是什么问题？第二，是什么导致问题产生的？第三，是否想到了有效的解决方法？第四，你认为最好的解决方法是什么？

假如你还在为工作而烦恼，或许因为工作上的烦恼想放弃自己的工作，那不妨按照下面的方法去做，说不定可以减少你一半的工作压力。

心理启示

请用一支笔在一张纸上写下以下几个问题，然后自己回答，这样你可以成功地找到有效的方法：第一，到底是什么问题让你感到压力？第二，问题是怎么导致的？第三，解决问题的有效方法是什么？第四，你觉得采用什么样的方法可以解决问题？

第04章

沟通心理——赢得人缘好办事

有人说，职场效益很大程度上取决于人与人之间的沟通。身在职场，沟通永远是一个绕不开的话题，因为我们每天都在与不同的人沟通，领导、同事、下属、客户等，沟通无障碍，才能赢得好人缘，才能赢得工作最后的效益。

为什么职场关系如此复杂

10月10日是世界精神卫生日，统计数据显示，目前我国100个人中，有6个人是抑郁症患者，其中以25~40岁的年轻人居多。专家提醒，人际关系与职场压力已成为年轻人患焦虑、抑郁等疾病的首因。所谓职场如战场，造成上班族工作压力的原因中，“人际关系紧张”已经排在压力源的第一位。作为职业者，每天的工作已经非常繁忙了，但每天令人们头痛的依然是：为什么同事和老板都那么不好相处？

拿破仑曾说：“不想当将军的士兵不是好士兵。”在职场生涯中，每个人都希望成为将军，哪怕不是将军，也要为自己谋得一官半职。那么每个步入职场的人首要面对的问题，则是善于沟通创造办公室和谐环境、营造良好的人际关系网，不管是新入职场的年轻人，还是职业遭遇“瓶颈”的老员工，这都是非常不容易的。

总公司的销售经理王乐最近才到分公司来指导工作，与下面的同事还不是很熟悉。因此，她为了与同事之间建立融洽的关系，有助于进一步开展自己的工作，她在来公司的一个周末就邀请同一个部门的同事一起吃饭。

大家在吃饭的时候，不知道是谁无意间谈起来了刚刚离职的副总经理张慧，入职不久的小李心直口快地说张慧脾气不好，经常无故对下属发脾气，很难相处。王乐这时候，插了一句：“是吗？是不是她的工作压力太大造成心情不好？”小李撇撇嘴，说：“我看不像是工作压力大的原因，三十多岁的女人嫁不出去，既没有结婚的兆头也没有男朋友，老处女都是这样的，显得有点心理变态。”说完，一个人笑了起来。可是，在座的同事听了小李的话，刚才还争相发言的同事都闭上了嘴巴。因为，除了入职不久的小李，很多在座的老员工可都知道，王乐也是一位还没有结婚的老姑娘。这时，好在一个位同事及时转换话题，才避免了王乐隐隐的难堪。

饭后，小李从老员工那里得知了事情的真相，不禁为自己那句话悔青了肠子。

从这个案例中可以看出，职场成于沟通亦败于沟通。人际沟通是一个复杂的心理和社会过程，在大部分组织中，沟通不畅是其面临的一个基本问题。从人际误解到财政、运营和生产问题，无不与沟通低效有关。而这种沟通不良主要来自于两个方面，一个是从上到下的沟通障碍；另一个是从下到上的沟通障碍。

职场人际关系的压力对于职场新人而言尤其表现突出，刚进职场的新人对于职场上许多规则都是陌生的，容易出现说错话、鲁莽、急于表现的情况，这样很容易引起别人的反感甚至敌意，给领导和同事们留一个刻板的印象。而在事情尚未弄清楚的时候，做出一些不合时宜的事情，这样会得罪身边的同事和领导。

那么，如何来缓解这种职场人际关系的压力呢?

1. 倾听同事抱怨，但不要被坏情绪感染

那些喜欢抱怨和消极的同事总是令人讨厌，不过如果完全不搭理他们会认为自己很无情。所以当同事抱怨的时候，自己可以怀着同情心倾听，但不要被对方的坏情绪所感染。在倾听过程中，可以在合适的时间打断对方，问对方解决问题的方法。

2. 不要纠结于小事情

在工作中坚持原则很重要，不过事无巨细地过分坚持，则会让你消耗太多的精力。通常高情商的职场人懂得保持精力的重要性，他们只选择那些有把握且关键问题作出适时的调整，同时坚持自己的观点。

3. 对同事的无理取闹予以不理

通常一些不靠谱的同事会把你逼疯，因为他们的工作方式不符合逻辑。不过问题是自己用不着那么认真地予以回应，哪怕对方正在做无理取闹的事情，采取置之不理的态度反而是最好的回应。

4. 不用那么在乎同事的评价

同事的评价或许会给自己带来成就感和满足感，不过别把这些评价当成自我认可的唯一理由，更不用反复地将自己与他人作比较，毕竟你的自我价值是源于内心的东西。

5. 不要喝太多咖啡

咖啡因会促使肾上腺素释放，它是攻击或逃避反应的来源，它可能让你遇事后快速反应，但也可能让你回避理性思考。所以当工作很累的时候不要硬撑着，不要喝太多的咖啡，只有好好休息才能恢复精力。

心理启示

建立和谐的人际关系要善于选择沟通方式，随着互联网的普及和电信的发展，电子邮件、短信、即时通信成为人们沟通的新方式。对于职场中人而言，沟通方式的增加以及新的沟通方式的方便，并不意味着放弃传统的沟通方式。这就要求我们在处理不同工作时，考虑哪种沟通方式更利于解决问题，只有运用正确的沟通方式，才能达到自己想要的结果。

如何赢得老同事的好感

在工作中，我们常常会大吐苦水：“在办公室里，那些已经工作三四年的老同事真让我们心烦，平时不管我去做什么事情，他们总喜欢过来指指点点，真是令人苦恼，而且，这样的同事很难亲近。”其实，我们的苦恼应该是每一个职场新人都曾经历过的。不过，对于每一个职场新人来说，初到办公室的第一步就是与老同事搞好关系。可是，如何才能打动老同事的心呢？所谓的“老同事”似乎更像是老古董，不论自己说什么，他们就是不为所动，简直是软硬不吃。而且，他们大多年纪比较大，脾气古怪，稍有不慎就说得不对，他们就还你以冷峻的脸色。

事实上，面对老同事，也有专门的解决方法，那就是多向他们请教，毕竟他们工作时间比自己长，他们教导的那些还是挺有道理的。不过，在请教的时候，需要忌讳的是，不得在老同事面前表现得“无礼、目无尊长”，否则，就难以亲近他们。那么，为了亲近老同事，我们应该时刻注意自己的言行举止，保持谦虚谨慎，方能打动老同事的心。

小刚刚到公司不久，主管就安排他与一位老同事写一份计划书，两个人在确立计划书的方式时，小刚提出了自己的看法，可是，老同事却以不屑的眼光，说道：“小伙子，你想邀功的心情我理解，但你才进来，还是低调点好，小心‘枪打出头鸟’哟。”

小刚很生气，但是，他冷静地想了想，老同事是干了十几年的老职员，如果与老同事发生了矛盾，对自己今后的工作十分不利。于是，小刚诚恳地说：“我其实并不想邀功，只是希望与您合作能够干出点成绩来，不管用谁的方案，报上去时都用您的名字，我就当好您的搭档。”听了小刚诚恳的话语，老同事终于同意了小刚的方案。

一般而言，大多数老同事会凭着自己资历深厚而对新人的言行举止百般挑剔、抵触或者根本不认同，处处干涉、事事指导，让一些职场新人无法施展自己的能力，工作总是被牵制。另外，一些老同事还有一定的戒备心理，他们在工作上很保守，不愿意指点、帮助新同事，害怕“教会了师傅，饿死了徒弟”，在这样的情况下，我们该怎么办呢？

1. 凡事多请教

在工作中，遇到不明白的地方或者是碰到了难题，需要多向老同事请教。这时，不管对方的神情如何高傲，我们都要虚心对待，这样才能赢得老同事的认可。另外，即使我们有自己的想法，也应向老同事询问他们的意见，毕竟他们资历比较深，看问题比我们远，参考他们的意见对我们是很有益的，同时，也能增加与老同事的亲密度。

2. 说话要尊重

即使在办公室遇到了倚老卖老的老同事，我们也应该处处流露尊重的态度，善于发现其优点，不要反驳老同事的看法，不要与之发生正面冲突，给予老同事最充分的尊重才是上上之策。

3. 即使是拒绝，也要诚恳

有的老同事喜欢指使新人去做一些琐碎的事情，作为职场新人也不要生气，如果自己真的很忙，或许实在不想被指使，也应该学会委婉地拒绝。当然，话语一定要诚恳，比如“不好意思，我真的很忙，手上正好有一个计划需要赶写出来，而且，今天就要完成。”尊敬的态度，诚恳的语气，相信老同事一定会谅解你的。

4. 将功劳让给老同事

在工作中，我们经常有与老同事一起工作的机会，对于共同完成的工作任务，为了表示自己的尊重，我们可以将功劳让给老同事，以此博得老同事的好感。当然，如果老同事推辞，那就另当别论了。在这里，比较忌讳的是抢占老同事的功劳。这样，你就会得罪老同事，并成为他们所讨厌的人。

心理启示

毕竟，老同事也是人，而且，他们大多比我们年长，事实上，他们都比较喜欢谦虚的新员工。如果我们多向他们请教，处处流露出尊重、谦虚、诚恳，那么，他们就一定会被打动，并愿意成为我们的“职场导师”。

领导面前，哪些话不能随便说

曾国藩说：“安分竭力，泊然如一无所求者，不过二年，则必为上官僚友所钦属也。”意思是说，只要你在工作岗位上安守本分，竭力做事，内心淡泊宁静，一无所求，不超过两年，就一定会受到领导的赏识和认可。曾国潘所倡导的是中庸之道，即便你比领导有能力，也需要循规蹈矩，安分守己，千万不要在办公室或同事面前说一些越位的言辞，即使你不是当着领导的面说这些话，但这些话总有一天会传进领导耳朵里，到时候你只有吃不了兜着走。

可能，有的下属对“安分守己”这个词语颇有微词，似乎觉得这样一种态度是消极的，对自己的职业前途的发展没有什么帮助。但是，下属需要记住这样一句话：职场如战场。当我们羽翼未丰的时候，最好是恪守自己的本分，安分守己，做一个顺从的下属，对自己来说，何尝不是一种好事？

在中国近代史上，王闿运一向以霸才自居，他曾先后三次奉劝曾国藩自立，但曾国藩都予以了拒绝。首次劝其自立不成，王闿运又再度入府，喋喋不休地谈论，意为“彼可取而代之”，但是，曾国藩却正襟危坐，以食指蘸杯中的茶汁，写下一个“妄”字。

几年过去，当时，曾国藩正准备北上，王闿运再次拜访，这一次，王闿运像换了一个人似的，刚开始并不说规劝的话，只是与曾国藩聊学问，他对曾国藩说：“公之文，从韩愈以追西汉，逆而难，若自诸葛、魏武帝以入东汉，则顺而易。”曾国藩听得津津有味，时而颔首微笑，不过，王闿运说着说着，就转移了话题，隐隐透出话外之意，想让曾国藩做曹操。曾国藩表现得异常平静，假装没听懂其话中之意，王闿运只好悻悻而归。

在案例中，面对同僚的屡屡劝说，曾国藩始终不为所动，在当时，自己手中有兵权，而且自身有较强的作战能力。但曾国藩不仅拒绝了同僚的劝说，而且连一句越位的话都没说，他始终安分守己，不予所动，不敢越雷池一步，如此的忠君行为，令人赞叹不已。

小李在公司工作了五年了，一直担任总经理秘书的职位。在公司，大家都知道这位红人，他几乎可以决定公司大大小小的事情，其风头都快盖过了总经理本人了。有时候，与朋友闲聊之间，小李都忍不住大方厥词：“现在这个公司，差不多都是我在掌控了，说到底，还是对得起我在这里待了五年啊。”要好的朋友相劝：“你这样的状态比较危险啊，如果你的上司察觉到你的威胁性，就会毫不犹豫地弃用你，还是谨慎一点为好，毕竟在这么大的公司，那些风言风语免不了会传进上司的耳朵里。”这时候，小李总是哈哈大笑："没事，他最看重的就是我。"

有一次，总经理去外地出差了，公司只留了小李一个人。赶巧的是，公司来了一位大客户，小李决定不请示总经理，自己将这个客户接待了下来，等谈成了这笔业务，再打电话给总经理，给他一个惊喜，同时，也可以稳固自己在公司的地位。可是，没想到，小李高估了自己的能力，大客户并没有答应签订合约，而是给予考虑之词。小李当即打电话给总经理，在外地的总经理大发脾气："谁让你自作主张的？"再加上总经理时常在公司听到一些风言风语，使得他对小李完全失去了信任。

在职场或官场，时常有一些地位高、名气大的人陷入了事业的困境，原因之一就在于他们不懂得安分守己，总是说一些越位的话，以为自己为领导贡献了很多的力量。可是，他们都忽视了一个重要的问题，那就是遵循公司的规律，如果你真的为公司尽力了，领导也会看在心里。

1. 多听少说

对下属来说，多听少说固然是美德，但是我们都身处在职场或官场中，宁可少说却不能不说。既要说话，又要说得妙，说得准，这实在是一门艺术。在领导面前，最好多倾听，少说话，但如果到了非说不可的地步，那就应该注意自己所说的内容、意义、措辞、声音和姿势，说该说的话，不该说的话一句都不要说，以免言多必失。

2. 不妄加评论

如果你不管场合，哪怕领导在场，也妄自发表一些评论或观点，那领导会觉得你是一个没有分寸的人，容易乱开腔的人。对此，下属要牢记：若是有领导在的场合，最好是保持沉默，除非领导主动要求你说说意见，否则，沉默是你最好的选择。

心理启示

在现代社会，许多人无所顾忌，任意妄为，大胆跨越雷池，总是事事敢为人先。其实，他们并不知道，在任何一个名利之下的诱惑，可能都隐藏着一个陷阱，你的言语稍有越位，就有可能落入圈套，到时候，你就再也没机会站起来。事实上，每一位领导都会产生危机感，当身边的人号召力越来越强，他会毫不犹豫地选择“排除异己”。因此，遵循规律，安分守己才是稳妥之道。

如何恰到好处地向领导进谏

作为下属，需要适时向领导进谏，向领导提出某些建议或看法，但实际上进谏也是需要讲究技巧的。许多下属都遇到这样的情况，当自己向领导进谏的时候，却不能够得到领导的采纳，甚至还有可能被领导冷落。其实，造成这种情况并不是因为你所提出的建议和想法不具备可行性，也不是领导平庸无能，而是因为你向领导进谏的方式不对，很多时候你直接地向领导提出一些意见，会让他难以接受。毕竟领导处于位居权威的位置，他的威信不允许他轻易受任何人的摆布和差遣。当你直截了当地提出意见，反而会让他产生一种不尊重的感觉。因此，当你需要向领导提出自己的想法时，不妨灵活地采用各种技巧，委婉含蓄地表达出来，让领导轻松接受自己的建议。

邹忌身高八尺多，而且身材魁梧，容貌美丽。有一天早晨，他穿戴好衣帽，照着镜子，对他的妻子说：“我与城北的徐公相比，谁更美呢？”他的妻子说：“您美极了，徐公怎能比得上您呢？”城北的徐公，是齐国的美男子。邹忌不相信妻子的话，于是又问他的妾：“我与徐公相比，谁更美？”妾说：“徐公怎能比得上您呢？”

第二天，一位客人来家里拜访，邹忌问客人：“我和徐公相比，谁更美？”客人说：“徐公不如您美啊。”第二天，徐公来了，邹忌仔细地端详他，自己觉得不如他美；再照镜子看看自己，更觉得远远比不上人家。晚上，他躺在床上想这件事情，说：“我的妻子赞美我的原因，是偏爱我；妾赞美我的原因，是惧怕我；客人赞美我的原因，是对我有所求。”

对此，邹忌上朝拜见齐威王，说：“我确实知道自己不如徐公美。但我的妻子偏爱我，我的妾惧怕我，我的客人对我有所求，他们都认为我比徐公美。如今齐国，土地纵横千里，有一百二十座城池，宫中的姬妾和身边的近臣，没有不偏爱大王的；朝廷中的大臣，没有不惧怕大王的；国内的百姓，没有不对大王有所求的。由此看来，大王您受蒙蔽更厉害了！”

齐威王说：“好。”于是下了一道命令：“所有大臣、官吏、百姓能够当面批评我过错的，可得上等奖赏；能够上书劝谏我的，得中等奖赏；能够在众人聚集的公共场所指着、议论我的过失，并能够传到我耳朵里的，得下等奖赏。”政令刚一下达，许多官员都来进言规劝，宫门庭院就像集市一样；几个月以后，偶尔还有人进谏；一年以后，即使想进言，也没有什么可说的了。

在案例中，邹忌向领导进谏，所采用的就是委婉含蓄的方式，先通过讲述自己的经历，以此类推出皇帝所受的蒙蔽更多，最终达到了进谏的目的。在工作中，领导也不是绝对正确的人，由于受各方面的因素影响，使得领导在作决策时有可能存在着一种偏差或错误。作为下属，千万不要因为领导出了错误就幸灾乐祸，甚至当场指出其不足之处，这样只会使领导陷入极端尴尬的局面。如果遇到心胸狭窄的领导，他还会恼羞成怒，伺机对你进行报复。

“东北王”张作霖没什么文化，在一次给日本友人题词时，张作霖把“墨”字写成了黑，有人说：“大帅，缺个土。”正当张作霖一脸窘相时，身边的一个秘书却大喝一声：“浑蛋，你懂什么！这叫‘寸土不让’！大帅能轻而易举地将‘土’拱手送给别人吗？”一句话既保住了张作霖的面子，又恰到好处地在上司面前露了一手，结果，他成了张作霖的得力助手。

对此，下属可以采取顺势引导的办法，比如，当你发现你的领导在管理上运用的还是旧思想，也不重视选拔、培养人才，凡事事必躬亲，使公司运转效率下降，那你不妨鼓动领导参加 MBA 学习，接受国内外的先进管理制度，一起讨论公司现在运转中遇到的问题。到时候，就会使领导改变自己的管理模式，促进工作有效地开展。

心理启示

每一个领导并不是十全十美的人，他们在一些能力、认知方面也会有一些偏差，所以在他们的工作中也会做出一些失当的决定。而你作为一个下属，就需要你发现这些问题，进而有效地解决问题。当然，你为领导指出一些问题所在，是需要讲究一定的方法和技巧的，寻找一个合适的机会委婉地提出来。这样廉明的领导才会欣赏你的决策，进而对你信任有加。

如何称呼身边的同事

称呼，是人与人之间一方对另一方的称谓。在平日的工作中，我们并没有过多地重视称呼的变化，但实际上，给同事一个能够拉近关系的称呼，才能为你赢得好感。因此，在与同事相处的过程中，怎么称呼对方，成了一件比较讲究的事情。如果你能够称呼恰当，会让对方感到亲切，也能够帮助你在工作中如鱼得水，事半功倍，给同事留下一个良好的印象；相反，如果你称呼不够恰当，往往会惹得同事心烦，甚至产生懊恼情绪，这样会使彼此的关系越来越疏远。如何称呼朝夕相处的同事，看似简单，实则是一门学问。

“伟明，我们班明天上午第一节课需要教导处安排一下，谢谢你了！”

“海大哥，明天我试教，麻烦你来听一下，多提宝贵意见噢。”

“阿坤，我们班的阳光指数好像有些出入，我想和你讨论一下。”

“萍大小姐，今天下午1点，少儿频道来采访你们班的‘道德银行’，你准备一下。”

这些天来，不断地在办公室听到这样的称呼。被称为萍大小姐的方萍老师笑言：“刚开始时还觉得不习惯，可后来才发现这样的称呼挺有意思的，比以前的直呼其名亲切多了，我与许多同事都成了好朋友，而且，我们在这样一种轻松的氛围中愉快地工作，连工作效率也提高了不少。

在小学教育集团的校园里，出现了这样的现象，不论是打招呼，或者是公务往来，许多老师之间不再直呼其名，取而代之的是更显亲切的别样称呼。这种变化是从新校长来了之后开始的，当校长亲切地称呼老师的时候，让老师们感觉好像一家人一样。老师们做起事情来也更显主动，同事之间的关系也和谐了起来，不仅增强了集体荣誉感，还和谐了领导和下属、同事与同事之间的关系。

当你置身于这样一个工作环境，听到同事与同事之间彼此的称谓，就可以知道这所学校的文化及员工之间的关系大概如何了。从直呼其名到别样称呼，看似不经意的改变，却让置身于其中的人感到无比的亲切，提高了工作效率，增强了集体荣誉感，也和谐了同事与同事之间的关系。

1. 别样的称呼

有的人觉得只要不是自己的父母长辈，只需要以直呼其名来称呼他人，这样也给自己省去了不少麻烦。殊不知，即便是不怎么熟悉的同事，如果你以直呼其名的方式来称呼他人，只会让对方产生不受尊重的感觉，而且，使得彼此之间的距离更远了。因此，我们应该以别样称呼来称呼同事，它不仅体现了尊重的意味，而且，有别于“先生”“小姐”带来的生疏感，以一种别样的亲昵缩短了双方之间的距离。

2. 多了一份亲切

以中国人传统的礼仪，许多人觉得“长幼有序”，而彼此熟悉的同辈之间，诸如同事就可以“直呼其名”，虽然这样的称呼也是无可厚非的，但是，却少了一份亲昵。所以，要想致力于在人际交往中建立融洽的人际关系，就要选择亲切的称呼，比如“小王”“老李”“张姐”等，这样无形之中拉近了彼此之间的距离，增加了亲切感，也更容易打动同事的心。

心理启示

有的人习惯“请问是某某吗”或者客气地说“某某，你好”，这样直呼其名，一下子就拉开了彼此的距离，而且，直呼对方的名字也显得不够尊重。这时，我们就要给同事一个能够拉近关系的称呼，这样的称呼首先必须是恰当的，还必须以亲切感为原则。

办公室可以互诉心事吗

人们经常会讨论这样一个问题：办公室是不是没有真正的友谊？大多数人会抱怨自己对同事真心付出，到最后却被看似好友的同事欺骗了。其实，在这里，可以清楚地告诉那些天真的人们：办公室是公事空间，不是培养友情的场所。友谊是在相互没有利益的基础上建立的，如果有了利益关系便会使原本的友谊变味。在职场中，往往无法避免利益冲突，当利益冲突发生的时候，有可能你们之间的友谊也没有了，说不定彼此还会成为仇人。办公室是利益的分配地，与同事之间都是竞争关系，在这个充斥着利益与竞争的场所，是不可能有真正的友谊的。

即便你与同事互相欣赏，那么，在你们离开公司后不妨发展为朋友关系，否则，就算在办公室里发展成了朋友，如果有一天遇到了工作中的利益冲突，你们的友谊也会土崩瓦解。对此，告诫那些天真的人，千万不要以为在办公室找到了志趣相投的朋友，要永远记住：办公室是公事空间，不是培养友情的场所。

一直以来，办公室就是一个复杂的场所，作为职业人，你应该干职业的事情，私人友谊在职业中往往会影响到你自身的工作。另外，利益与友谊的冲突导致了太多的陷阱，在工作中，就应该将工作放在第一位，否则，在你前面就会多一些陷阱。更何况，办公室本来就是办公的地方，而不是私人发展的空间。

露露和娜娜是在公司刚成立的时候一起招进来的，当时，办公室只有她们两个女孩，因此，两人关系很要好，成了无话不说的好朋友。两人一起上班，一起下班，一起吃饭，甚至，最隐秘的事情彼此都一清二楚。露露曾一度认为她们两个的友谊打败了办公室不可交友的传闻，而且，她致力于一直发展这段友谊，使之成为神话。

谁料，就在上周，露露从另外的同事那里得知娜娜居然一直在跟公司的一位男同事谈恋爱，看样子，少说也有半年了。但令露露感到很受伤的是，娜娜竟然没有告诉自己，突然之间，露露开始怀疑她们之间的友谊了，在那一刻，她觉得娜娜好虚伪，同时，也觉得自己的友情受到了欺骗。

其实，在露露与娜娜这对职场朋友中，或许，完全是露露一厢情愿地陷入了友情的旋涡。她天真地将办公室里的互助与关怀当成了友谊，实际上，这也是一种潜在的竞争关系。同事之间，有一些事情可以说，有些事情则不能说，几乎在每个办公室都有一些八卦新闻，但聪明的女性在每次谈论的时候都不会涉及什么实质性的话题，毕竟，大家都知道，聊这些是很不明智的行为。

“朋友”是一种很淳朴的关系，任何带有利益性的关系都不算朋友，所以，我们通常称呼工作上的伙伴为“同事”“拍档”或“伙伴”之类，基本上不会称呼“朋友”。职场上的关系本身就很复杂，没有必要将“朋友”这一关系也扯入其中。

大学毕业后，在学校里最要好的朋友小李将小王介绍到了她工作的公司，她们俩被分配在销售部门，分管不同的领域。在这期间，她们的友谊还像大学时一样，经常通电话，彼此倾诉工作上的烦恼，休息时会一起出去喝茶、吃饭，认识男孩子。

半年后，公司对她们的工作作了调整，要求她们调换销售区域。这样一来，她们成了同事、客户比较的对象。公司开年会的时候，经常听到同事们说：“虽说，小王还是小李介绍进来的，但论能力，小王还是略胜一筹”“是啊，许多客户都说，无论是为人处世，还是说话，小王更受欢迎呢”。小王每次听到这些比较都觉得不好意思，转过头看小李，发现她正脸色铁青地站在那里，小王也不知道该说什么了。

过了一段时间，小王觉得小李对自己有所戒备，诸如工作之类的事情从来不跟自己谈，经常不接电话，若是问她，她也是一副极其冷漠的口气。小王很失望，没想到，以前的好朋友变成了两个竞争对手，一段友谊就这么毁了。痛心之下，小王决定离开公司。

对于办公室这块是非之地，不仅不存在真正的友谊，即使职场外的朋友也不要将她们牵扯进来，否则，只会对你们的友谊百害而无一利。有人用这样一句话诠释了复杂的职场关系："办公室可爱的人很多，可靠的人很少。"或许，在某些时候，身边的同事看上去每个都是可爱的，但是，在他们之中，几乎没有一个值得你信赖，毕竟，能够成为你们关系的引导者，只有利益。

虽然，在职场里保持良好的人际关系是必需的，但是，办公室友谊是有定义的，这是一种与利益相关的友谊，而不是纯粹的朋友关系。如果你不擅长处理利益问题、工作问题，不要与同事发展"办公室友谊"。

心理启示

众所周知，友谊是相互关心，志同道合的人之间的情感关系，在办公室里充满了利益关系，一旦利益有了冲突，职场友谊就会成为伤害你最深的利剑。所以，同事就是同事，别把办公室当成社交场所。

如何搞定你的客户

胡雪岩在商训中写道："地为后天修为。古人云：'天生我才，必有一用。'有用者，必守信也。言必行，行必果。行乃人立身行事之本也。信者永存。为人之道，守信为最，信念不移，大事可成；无信念或信念不坚持者，事终不成，经商亦然。古来无信念而成巨贾者，鲜矣。”一代商贾胡雪岩明白，诚信永远是打动顾客的最佳手段，因为诚信就是最好的招牌。直到今天，诚信仍然是商家不可忽视的一个问题，尤其是我们在对待顾客的时候，更需要以“诚信”为本。

如果一个人没有了诚信，那么，这个人就不会得到顾客的信任，他也无法在社会上立足。卡耐基说：“当我们为大众谋利益的时候，我们的财源就滚滚而来。”诚信，不以形显，而以质昭，它是一种根植于顾客内心的信任感。在顾客面前建立诚信，需要我们从点滴做起，毕竟，一滴水可以折射太阳的光芒。对待顾客，需诚信交易，诚信做人，不坑蒙拐骗，不耍诈，如此，才能真正地打动顾客。

有一天，一位顾客走进了一家汽车维修店，他自称是某运输公司的汽车司机。打量了店面之后，他对店主说：“在我的账单上多写点零件，我回公司报销后，有你一份好处。”不料，店主却拒绝了他这样的要求，那位顾客见状，继续纠缠说：“我的生意不算小，以后会常来的，你肯定能赚很多钱！”店主告诉他：“你这是欺骗，我无论如何都不会做的。”顾客气急败坏地嚷道：“谁都会这么干，我看你是太傻了，放着这么好的生意不做。”店主生气了，对顾客说道：“你还是离开吧，不要在我这里浪费时间了，你还是到别处去谈这种生意吧。”

出人意料的是，那位顾客并不生气，反而笑着握住了店主的手，说：“我就是那家运输公司的老板，我一直在寻找一个固定的、讲诚信的维修店，你还让我到哪里去谈这笔生意呢？”

店主面对诱惑，不心动，不为其所迷惑，在他身上所体现出来的就是诚信，而恰恰是如此珍贵的品质打动了那位顾客，最终，成功地做成了一笔生意。作为一名优秀的工作人员，他所遵循的是“负起责任，培养自信”，而这一切的基础却来源于诚信。诚信问题受到了全社会的关注，要想打动顾客，赢得顾客的信赖，我们必须在诚信上下工夫。

子曰：“人而无信，不知其可也。”意思是，一个人若是不讲诚信，就无法在社会上立足，就什么事情都做不成。在现代社会，商人在签订合约的时候，都希望对方能够信守承诺。而在商业活动中，诚信更成了最佳的竞争手段，可以说它是经济的灵魂。

1. 不欺骗顾客

蔡元培说："诚字之意，就是不欺人，亦不可为人所欺。"在现代社会，许多人为了能够销售出更多的商品，不惜编织谎言，吹嘘产品如何如何好，顾客在毫无察觉间上当了，等到真正将产品买回家，才发现受骗了。如此对待顾客，或许，你只会糊弄那些粗心大意的顾客，而且，也只是暂时的，从长远来说，你失去了顾客对你的信任，其实，也就失去了整个市场。

2. 信守承诺

许多销售人员在向顾客推销产品的时候，常常为了迷惑顾客购买产品，他们轻易许下诺言："你若是买了这款电脑，我们将送你一份大礼。"谁料，等到顾客真的买下电脑之后，才发现根本没有什么大礼。虽然，顾客不能对你怎么样，但他会对外宣言该商家的不诚信，从而让你失去更多的顾客。所以，对顾客要说话算数，千万不要许下一些空头支票，否则，诚信出了问题，就难以弥补了。

3. 以诚待客

徽州商人吴南坡说："人宁贸诈，吾宁贸信，终不以五尺童子而饰价为欺。"由于他所出售的南坡布货真价实，深受顾客的信任。如何诚信经商？我们需要做到以诚待客、货真价实、公平买卖、信守合同、不做假账等等。俗话说得好："诚信是最好的公共关系政策。"只要我们以诚待客，方能达到顾客盈门的效果。

心理启示

对顾客讲诚信，并不是说说而已，而是需要落实到实际行动上。有的人满口诚信，但却总是以利益为主，以自私和贪婪玩弄诚信。殊不知，一旦顾客识破了你那所谓的"诚信"，那么，之前对你的好感就会土崩瓦解了。

第05章

晋升心理——做好自己等时机

如何才能成功晋升？身处职场，对于每一个人来说，都不会甘愿一直职位平平，永远无法晋升。不过，若想获得晋升，只有做好工作，做好自己，才能显示自己的工作能力，也才能获得领导的赏识。

工作需要借口吗？NO

没有任何借口，不仅只是做好本职工作的前提，更是缓解工作压力的基础。在日常工作中，人们总会遇到各种各样的问题，这时，往往有两种态度：一是找借口躲避；二是找方法解决。不少人觉得，自己能解决什么问题，能躲就躲吧，其实，这就是找借口的典型例子。不同的态度，不仅是工作效果的差别，更是不同命运的差别。那些主动找方法解决问题的人，必然是发展最快最好的人；而那些不断找借口的人，必然是最没有发展的人。“找借口”是工作中最大的恶习，是一个职业人逃避应尽责任的表现，它所带来的，不仅仅是工作业绩的失败，甚至，会给公司和社会带来不可想象的损害。对此，要想成为一名优秀的职业人，需要做好本职工作，在任何时候，都不要找借口。

小张毕业后的第一份工作，是为公司的老总做秘书，而她做好的绝不仅仅是本职工作而已。工作没多久，小张便了解到老总患有一种慢性病，严重时会影响到工作，对此，小张格外小心。

有一天，小张在上班路上发现了一家药店的广告，正好宣传一种可以治老总病的特效药。于是，小张赶紧下车，将药买下，没想到这一耽搁，让从不迟到的她晚到了半个小时。她到了办公室，正碰到老总急着找她要资料，因此，对小张的迟到毫不客气地训斥了一顿。在那一刻，小张觉得自己很委屈，当时就想解释，但转念一想：不迟到是公司的规定，有什么理由不遵守呢？于是赶紧道歉，一如往常地工作。

下班了，小张悄悄地将药放在了老总的桌子上，准备离开。老总发现了药，一下子反应过来，当他得知真实情况时，对自己早上的言行感到内疚，问小张：“你为什么不早说呢？”小张只是很诚恳地说：“您对我的批评是对的，不迟到是每个员工都应该遵守的规定，不论出于什么理由，我都不能找任何借口。”

许多人在工作中秉承这样一个理念：干好工作就行了，其他事情跟我有什么关系呢？对此，许多人问小张是如何做到的，小张笑着说：“其实我也只是转换一下思考问题的角度而已。如果只从自己的角度与感受出发，当然做不到。但是，只要我们围绕工作应尽的责任来思考，就会觉得非做不可！因为一个对自己负责的人，是没有任何借口的！”或许，小张的这几句话对那些习惯找借口的职业人有很大的帮助。

在工作之余，我们还可以通过一些小技巧来获得快乐。

1. 与身边的上司、同事保持良好关系

我们最大的苦恼就是无权选择要和什么人一起工作，假如与其他人的关系不好，那工作就可能变成苦恼之源。所以，在工作中需要与上司、同事保持良好关系，需要注意的是不要过于责备别人；不要在意上司的批评；不要讲闲言碎语；不要与人争辩。

2. 以自己的工作为荣

即便你不是很喜欢你的公司，但还是应该努力把工作做好。因为只要你努力做好工作，就能够获得成就感，而且从中找到工作目标。假如你觉得自己的工作没有任何意义，那你的内心就会感觉到无穷的压力，你根本没办法在工作中找到快乐。可以说，良好的工作态度有助于获得上司的青睐以及同事的赞赏。

3. 不要将工作带回家

下班之后基本上就自由了，严格区分工作与生活。绝对不能把任何工作带回家，包括检查电子邮件或考虑工作安排。当晚上来临，就努力把白天的工作忘掉，因为你在家里不可能完成什么工作，不如把这些事情都留到明天。

4. 不要与公司承担巨大压力

许多公司都有巨大的销售计划和利润目标，这样的公司理念很容易将压力带给员工，工作环境也变得压力十足。但是，作为员工，应该明白自己没有义务背负这种重压。不如把精力放在工作上，反而会为公司创造更大的价值。

5. 不要理会闲言碎语

人们很容易被办公室的八卦对话所吸引，或许从这些流言中获得暂时的快感。不过这些快感带给别人的伤害却是长时间的，也可能破坏你与其他人之间的关系。所以，不要在别人说闲话的时候煽风点火，表现出一些善意。假如你说过别人的闲话，那或许同样的事情也有可能发生在你身上。

6. 午休时好好放松

一旦有时间就尽量摆脱充满压力的工作环境，换个环境也可以让头脑更清醒。假如你把所有的时间都花在办公室里，你甚至会出现幽闭恐惧症。在午休的时候，可以找个优雅的咖啡馆或小花园放松一下，这可以帮助自己恢复精力。离开了办公地点，不管是独处或找朋友聚聚都是很好的选择。

心理启示

一些人在工作失败后总是为自己找借口，从来不反省自己的过失，结果，自己本职工作没做好，反而搞得心情很差。其实，找一次借口并不可怕，可怕的是将逃避和推托变成了习惯，到最后，就连借口也成了自欺欺人的手段，这无疑会成为阻碍自己向前发展的枷锁。

与其抱怨，不如积极工作

在我们身边，总是有一些打抱不平的愤青，他们不断地抱怨上天的不公平，生活的不公正，其实，这些人一直在喋喋不休地抱怨着，那是因为他们无力扭转什么。成功只会垂青那些积极主动的优秀者，只要你敢于担当，勇于接受来自生活的挑战，那么，任何艰难险阻都会变成坦途。对于一个强者来说，任何事情他们都会尝试着去做，因为敢于去做，到最后事情都会自然而然地变得顺畅。后来，他们会发现，那些原来让自己思虑重重的困难，竟然只是一件小事，根本不值得抱怨。

真正的优秀者，从来不抱怨，他们总是把那些消极的想法从内心扫除殆尽，让自己的内心充满阳光、充满希望。相反，一个弱者、无能的人，他们的生活总是充满抱怨，因为无力改变现状，或者根本没有想要改变现状的意识，因此，他们除了抱怨，别无他法。

现实生活中，平庸之辈总是多数，即便自己已经很平庸了，但还在不断地抱怨。他们动不动就说“这个社会怎么怎么样”“我简直是英雄无用武之地”，其实，说出这样话的人本身就不是什么优秀者，因为优秀者绝不是这样的态度。面对人生的诸多不如意，我们都不要再抱怨了，抱怨只会让自己变得更加无能。只有无能的人才会抱怨，那些优秀者往往会通过改变生活来解决这些问题。所以，在这个世界上，真正的优秀者并不多，大多数都是习惯于抱怨的庸者之辈。

小李和小王是大学同学，大学毕业后，两人签了同一家国企公司，更有趣的是，两人居然被分到同一个办公室，成了同事。小李在大学就是赫赫有名的人物，学生会主席，沟通能力和处理问题的能力都很强；小王虽然成绩优秀，但是，在大学没有参加社团活动，相应的处事能力较弱。

在办公室里，挂着职称的科长和两名副科长都不负责做具体业务，另外两位年纪稍大，自己觉得升迁无望，每天就只想着混日子，一旦有任务分配下来，他们自然会推给小李和小王：“小伙子，多锻炼，对自己有好处……”小李每次都欣然答应，做事情十分积极，小王则相反，他觉得同样都是在办公室工作，怎么就自己一个人像打工的，接到新任务不积极，心中怨气越来越大。

前不久，公司领导决定在家属楼后面的空地上建一座三层小楼，作为“健身中心”，这项任务自然落到了办公室里。小王知道艰巨的任务又来了，索性在第二天请了病假，而最终小李接下了这个工作，科长还不断嘱咐小李：“抓紧时间啊，这可是关系全公司职工的切身利益啊。”接下来的一个月里，小李天天往城里跑，把那些有名的健身中心都考察了个遍，又是拍照，又是去图书馆查资料，每天忙得晕头转向。而小王和其他人则在办公室里休闲地喝着茶，看着报纸。没过多久，小李将图纸交给了科长，因为设计比较成功，受到了嘉奖。小王则在旁边抱怨：“哎，早知道当初我应该来接这个任务，领导太不公平了，知道那天我请假就无视我的存在，如果我接到了任务，说不定比他完成得还要漂亮……”

后来，只要小李得到了上司的嘉奖，小王都要抱怨一番：“领导对我太不公平了……”刚开始的时候，办公室同事还对小王说些打抱不平的话，可是，时间久了，大家也不怎么关心了，反而会在背后议论：“自己没本事就别吱声嘛，见不得人家好，谁知道他一天的抱怨怎么那么多，还不是自己无能，否则，领导怎么会不重用他呢……”

罗斯福说：“未经你的许可，没有任何人能够伤害你。”有的人自己办不了事情，别人办了漂亮事，他还会到处抱怨：“其实我很有能力的”“他凭什么就能得到领导的重用啊”“这件事我会比他做得更好，可领导偏偏不找我嘛”。但是，真正的结果呢，却是自己无力扭转什么，心中才充满了抱怨。而另外一些人所想的是如何解决问题，如何完成这件事，因此，他们会在最后的努力中成功，而那些无能的人只能在抱怨声中销声匿迹。

有一句话说得好：“多数人都想改造世界，但却很少有人想改造自己。”可能，左右一个人成功的因素会很多，但是，如果你连自己都不想改变，你会成为一个强者吗？许多人习惯抱怨社会，抱怨他人，抱怨自己，可是，有人会想过这是因为自己不够强大而遭遇的吗？

心理启示

一个人只有把自己定位在“平庸之辈”的位置上，他才会觉得无法改变，从而变成了一个抱怨者。当我们把自己定义成弱者，那我们就改变不了什么，除了抱怨还是抱怨。因此，当工作遭遇“瓶颈”的时候，我们所想的是如何解决问题，而不是不断地抱怨这个问题的存在，这样我们才能真正地解决问题。

你的工作努力值是多少

一个人的成功是跟他是否勤勉有重要关系的。如果一个人是勤奋的，那么他就拥有了成功的机会；如果一个人是懒惰的，那么他就一定不会成功。他们通常认为，勤勉和成功是互相制约的，经常会有很多人因为自己的勤勉而成功，但却很少有人因为懒惰而成功。虽然你的勤劳并不一定会给你带来成功，但是无论如何，每个人都要辛勤工作，因为这是获得成功的最基本条件。

《圣经》中有两句话："流泪撒种的，必欢呼收割。""那流着泪出去的，必要欢欢乐乐地带禾捆回来。"远古的时候，犹太人为了生火，就要花很长的时间去摩擦木头或者石头；要吃果实，就要爬到很高的树上去摘。而如果能够成功地生起一堆火，能够成功地摘得果实，那么成功背后一定有辛苦。勤勉或者懒惰很少来自一个人的本性，很少人一生下来就是辛勤的劳动者，也很少有人是天生的懒虫。很多人的勤勉或懒惰其实都是后天养成的，是自己的习惯所导致的。

哈德良皇帝看见一个老人正在努力工作，他在种植无花果树。于是，他问老人道："你是否期望自己能够享受果实呢？"

老人回答说："如果我不能活到吃无花果的时候，我的孩子们也将会吃到。或许上帝会因此特赦我。"

"如果你能够得到上帝的特赦，吃到这棵树的果实，那就请你告诉我。"皇帝对他说。

随着时间的逝去，果树果然在老人的有生之年结出了果实，老人装了满满一篮子无花果去见皇帝。见到皇帝，他说："我就是你见过的那个种无花果树的老人，现在无花果成熟了，这些无花果是我的劳动成果。"

皇帝命他坐在金椅子上，把他的篮子里装满了黄金。可皇帝身边的仆人表示反对：“您想给一个老犹太人那么多荣誉吗？”

皇帝回答说：“造物主给勤劳的人以荣誉，难道我就不能做同样的事吗？”

皇帝说得很对，上帝和人们通常都是把奖赏给那些勤勉的人。因为老人的勤劳，所以他得到了上帝的特赦，在自己的有生之年吃到了无花果。懒惰会使一个人一事无成，所以他们选择了勤勉，只有勤勉的人才会尝到胜利的果实。《羊皮卷》这样劝告世人：“最难受的工作是无所事事，最愉快的工作是人们忙于工作”。

洛克菲勒就是一个对工作异常勤奋的人。一天 24 个小时中，他的工作时间一般都在十五六个小时，超过了一天的大半时间。而有的时候，他甚至一天可以工作十八九个小时。而有人给他计算下来，他的一生中平均每周工作 76 个小时，只休息很短的时间。经常是别人已经下班了，他还在勤奋地工作。他常常对别人说：“如果你什么都不想干，那一天工作 8 个小时就可以了，可是如果你想干点什么，那么当别人下班的时候，正是你工作的时候。”别人问他：“你怎么能一天工作 20 个小时？”他却说：“一天工作 20 个小时怎么可以，我需要一天工作 48 个小时。”当人们看到他的时候，他总是在不停地忙于工作。于是凡是认识他的人都说洛克菲勒只有睡觉和吃饭的时候不谈工作，其余时间他都泡在工作里。这位世界级的大富翁就是这样紧张而勤奋地工作着，所以他才取得了举世瞩目的成就。

洛克菲勒之所以能够获得成功，就在于他始终如一地保持勤勉的态度。他的勤勉已经成了顽强的奋斗，在他的眼里，一天 24 小时都已经不够用了，他希望能在一天内工作更长的时间。只有勤勉的人才能够尝到胜利的果实，只有勤勉的人才能够得到命运的眷顾。所以，洛克菲勒用自己的实际行动证明了这样一个道理，如果你是一个做事勤勉的人，那么成功就离你不远了。

犹太民族被称为世界上最为努力的民族，也是世界上最勤奋的民族。这种顽强的精神成就了许多犹太富翁，那些杰出的人物都勤勉地专注于自己的事业，他们都具备顽强忘我的奋斗精神。他们似乎从来就不知道疲倦，他们一般都是长期默默地埋头工作，一点都不被外人所知晓。这个世界好像已经忘记了他们。可是有一天，他们却获得了意外的成功。那时候，你再回过头来，你不能不为那些勤劳的人感到骄傲。

大凡卓越的人都因自己的勤奋而获得了巨大的成功。他们或许并不是天生的勤奋者，但是他们愿意在后天培养自己的勤勉，并把它当作习惯。韩愈也曾说："业精于勤荒于嬉，行成于思毁于随。"一个人要想成就一番事业，一定要守住"勤"字，忌掉"惰"字。面对你的生活或者事业，你用什么样的态度来付出，就会得到相应的回报。如果你以勤付出，回报你的，也必将是丰厚的硕果。相反，那些懒惰的人，生活是不会赐予他任何东西的。懒惰的人是思想上的巨人，行动上的矮子。如果你懒惰地面对你的人生，那么其实就是把自己的生命一点点送入虚无。一个成功的人，是不会让懒惰有任何机会的。

心理启示

每个人都要时刻提醒自己："成事在勤，谋事忌惰。"人生苦短，勤勉往往是你取得成功的一个必要条件，而懒惰则会让你的生命陷入慢性自杀，会阻碍你的成功。

大受领导恩宠，如何把握分寸

对于每一个下属来说，都极力地渴望自己能够得到上司的恩宠，得到上司的赏识。因为，这不仅仅是出于能够获得职场生涯的成功，更为重要的是获得一种心理满足感，一种精神上的慰藉感。当一位下属得到了上司的恩宠，那就意味着从此你的身份就与其他同事不一样了。你与上司的关系比其他任何人都亲密，你的想法和意见也更容易得到上司的青睐，你还可以借助上司的渠道认识更多的高层人士，也可以跟随着上司出入各种酒会、聚会，甚至很多时候，上司还会授权于你去办事情。无疑，只要获得了上司的恩宠，你的身份就大不一样了。但是，有很多自鸣得意的人在受到上司恩宠时不懂得分寸，结果很快就让上司生厌，遭到同事谩骂，最终只落得个“过街老鼠，人人喊打”的下场。因此，即便是你受到了上司的器重，受到了上司的恩宠，也要注意自己的言行举止，把握好分寸，才能使自己持续受宠。

自古以来，就有很多人受到主子的恩宠而小人得志，干出一些贪赃枉法的事情来。比如，和珅之所以能够成为历史上有名的贪官，那就是仗着乾隆的恩宠而无法无天，最终他在历史上臭名昭著，甚至于他的名字成了贪官的代名词。因此，在我们现实生活中，不乏有很多人因为各种各样的原因而得到上司的器重。不管你是能力出众，还是因为会说话讨上司喜欢，当你受宠时一定要注意分寸，这包括说话、做事以及各种行为。因为，上司对你宠爱有加，对你很器重，就表明你的言行举止在某种程度上代表了上司的旨意。稍有不慎，你就会因为自己鲁莽的行为给上司带来一些麻烦，让上司在领导面前失去面子。所以，要想把握好自己言行举止的分寸，那就需要从以下几个方面做起。

1. 切忌自鸣得意

很多下属在得到上司的恩宠时，就会得意起来。因为之前长时间地处于一个普通的职员位置，突然身份变得不一样了，那种狂喜无疑就是“飞上枝头变凤凰了”。所以，在他们的言行举止中就透露出来。他们会禁不住兴奋到处宣扬自己的得意，在同事面前、在朋友面前，甚至在上司面前，也会把这种兴奋的情绪溢于言表。其实，你的自鸣得意只会让同事对你更加愤恨和不满，而上司也会觉得你缺乏一种冷静的心态，他甚至会因此而逐渐疏远你。所以，当你受宠时更需要保持冷静谨慎的态度，注意自己的一言一行，无论是在同事面前，还是在上司面前，都要谦虚谨慎，千万不要自鸣得意，让他人抓住你的把柄。

2. 切忌狐假虎威

有的下属一旦当上了上司的得力助手，就开始狐假虎威，仗着上司的势力到处欺负人。他们可能在平时的工作中与某位同事有了矛盾，以前大家都是一样的普通员工，即使自己想报复，也由于没有身份而作罢。而现在自己有身份了，做任何事情都有上司的支持，于是他们就会利用与上司亲近的关系，背后说对方的坏话，或在上司面前使计策调换其工作。也许，当你在借助上司的权力进行私人报复的时候，上司并不知情，而一旦上司掌握了一些信息，那么，你对他建立起来的信任就会土崩瓦解，你也会失去恩宠的位置。

3. 切忌滥用职权

当你有了与众不同的身份，手上也开始掌握了一些权力，就可以独立办一些事情了。其实，即便你坐到了市长秘书的位置，也切忌滥用职权。一方面，事情总有暴露的一天，到时候即便是你的上司也帮不了你；另一方面，你是上司器重的员工，上司对你的所作所为需要负一定的责任，一旦你出了什么纰漏，上司也会因为担负一定的责任而对你怀恨在心，你也不要指望再有翻身的一天。

心理启示

其实，在职场中越是受器重的下属，心里越是谨慎。这是因为“伴君如伴虎”，你的言行举止都被上司看在眼里，记在心里。如果你能够时刻注意自己说话的分寸，行为的合适，举止的恰当，那么你就有可能长久地受到上司的恩宠。

如何为领导排忧解难

员工应有“甘当马前卒”的信念，时刻想到为上司分忧解难，如此，你的职途才会更平坦。如果你想成为被上司器重的人，就要学会为上司分忧，这不仅是职场人必备的素质，也是你晋升提拔的基石。上司虽说高高在上，但他所需要考虑的事情多，如此，忧虑自然比较多。上司有些忧虑的事情，是作为下属可以分担的，那些能想上司之所想，忧上司之所忧的人，就是为上司分忧的人。对此，我们应该积极主动地为上司着想，认为自己的工作是“应当做的”，而不需要等到上司的吩咐或指示。

在大多数上司的眼中，下属可以分为三类人：分劳的人、分忧的人和既不分劳也不分忧的人。分劳的人，就是上司要求做什么就做什么，这类人是公司中必不可少的，但其工作是能够被人替代的，换句话说，就是你在上司眼中没什么特别性，任何人都能做你做的事情，你有可能随时被替代；分忧的人就不会，为了能为上司分忧解难，他们为上司着想，与上司接触的时间比较多，工作中所占的分量比较重，在上司心目中的地位也随之上升。所以，作为员工，应想到为上司分忧解难，如此，你将会在职场中平步青云。

在职场中，大多数员工是为上司分劳的人。每天，他们按部就班、保质保量地完成自己的工作，或许，恰当的时候，还能够给其他同事提供完整的服务，他们承担着公司里大量日常工作，但最终所获得的只是稳定的工作，良好的口碑，运气好的还能获得较低的管理职位，但无一例外的是，他们都没能得到上司的器重。当然，能够为上司分忧，这本身是出于个人意识，是一种积极主动的表现。如果你想做一个为上司分忧解难的人，应善于观察，积极思考，总结一些正确做事的方法；细心观察，去发现和注意一些潜在的问题，预知到工作中的问题，并提出相应的解决方案；经常主动地与上司交流，了解上司所担忧的问题。

布朗说：“使我自己无所不在并不是个苦差事，我喜欢这么做。当然了，跟那些掌权的人保持一种亲密的工作关系也不大可能有损我的事业，我从来不理解为什么其他人不这么做，结果使公司离开了他。”布朗是老板比利·盖次器重的员工之一，我们来看看他是如何赢得上司的青睐的。

从布朗被盖次公司录用的那一刻起，他就认为自己是一个“盖次人”了。在这之前，布朗应聘了许多大公司，但那些公司都要求与众不同的教育背景，而盖次更看重业绩，鼓励实干，在一个公司，若是有博士生与中学辍学生一起工作，他也会一视同仁。对于公司这一点，布朗很欣赏，他觉得那是自己应该待的地方。

每天，布朗早上上班，除了老板比利·盖次，比其他人都早。这时，如果比利想抽支烟或者谈谈昨晚的足球比赛，而只有布朗在办公室，所以，比利就跟布朗聊。从聊天中，布朗了解到比利所担忧的事情，他总是能够为之提出好的解决方案来，对此，布朗在26岁的时候，就成了老板比利身边的红人。

有人说："你永远不可能完全控制你身在何处，你不能选择开始事业时的优势，但你却能控制自己工作的勤奋程度。"有时候，你做得越多，你的工作就将越来越好。在公司，一些看起来似乎很平凡的事情，你多做一些，多为上司分担一些，那么，上司有好事的时候自然也会想到你的。

在公司待了一年多，小丽了解到上司总是习惯对下属颐指气使，从不给下属独当一面的机会。同事常常哭诉："你绝对不会相信，每次我把所有的事情都做好了，他却突然跑来指示一番，就凭他一句话，把我几天以来的努力都一笔勾销了，我真的不想在公司待下去了。"小丽听了，只是笑笑，没有作任何回答。

小丽并非不了解上司的缺点，但对上司的批评，她不抱怨，而是想办法弥补过失。如果上司对自己颐指气使，她就自己消化情绪，设法配合上司的长处，将努力的重点放在能够着力的范围内。在受差遣的时候，她总是尽量多做一些，设身处地地体会上司的忧虑。

有一次，上司外出了，不料，下午一重要客户突然到访，小丽接待了客户。这时，再请示上司已经来不及了，于是，小丽在遵循上司的重要思想基础上，给客户详细介绍了公司的产品，结果，顺利签下了一个大单子。这件事之后，小丽赢得了同事的敬佩，上司也对她极为倚重，公司里的许多重要决策都喊她一起参与及认可。

小丽为上司分忧获得了赏识，其实，这或许只是暂时的收获。从长远来看，为上司分忧的过程就是一个学习的过程，它使你站在一个管理者的角度，积极主动地发现问题，寻求解决问题的方法。时间长了，你的管理水平以及能力也会有所提高。

当然，员工需要明白，在工作中，分劳是分忧的基础，要想为上司分忧就必须学会分劳，如果你连自己的本职工作都没做好，那么，上司是不会将自己的事情让你去办的。

心理启示

对于一些刚进入职场的新人来说，不要片面地认为为上司分忧就是拍拍马屁、拉拉关系，这种趋炎附势而不专注工作的人是不会成为上司重用的目标的。在工作中，与上司沟通的时候应保持一颗平常心，这样，你才会更好地为上司排忧解难，也才能为自己铺就更平坦的职场之路。

有些工作真的难以完成吗

在职场中，学会独立地去完成一件事情，这样才会使你受到老板的赏识。或许在做一件事情的过程中，是有一些困难，但是只要你下定决心，那么就没有你办不成的事情。聪明的人总是在上司吩咐任务的时候，不会有畏难情绪，他们永远会把那些艰巨的任务应承下来，然后再去想解决事情的办法。如果你一开始就拒绝了，那么你就永远没有机会获得成功。上司吩咐的事情，虽然充满了挑战性，但却是可以做到的。所以，要记住，只要你自己有决心，就没有办不成的事情。

在这个处处对优秀者有更多选择机会的社会里，我们就要学会用自己的决心来让上司对你刮目相看。为了让自己与优秀者表现得一样出色，就需要付出双倍的努力。千万不要为自己冠上弱者的称号，那样只会让你一次又一次地与成功失之交臂。在职场上，拿出自己的信心，相信自己一定能够做得很好。无论做任何事情，都要有决心，那才是你战胜自己的秘诀。

只要你下定了决心，就要努力去做，不要为自己的偷懒找借口，那是你暗中破坏自己成功的机会。不要什么事情都做不好，给上司一个“花瓶”的印象，这样你的职场生涯只会让你充满了痛苦。其实有时候，是我们自己心中的畏难情绪，放大了事情的难度，所以才有“自己不行”的思想。一件事情，能够成功地做好它，关键不在于它本身有多难，而是你自己有没有去做的决心。无论工作难度多大，都要相信自己一定能够完成。

作为第一位黑人主持人以及《时尚》杂志的模特，倍受世人尊敬与爱戴的奥普拉·温弗瑞是一位真正的新时代职业女性。当然，在现实生活中，并不是每个人都能成为奥普拉，但是使奥普拉获得成功的力量却是每个人都拥有的，那就是成功的决心。

奥普拉小时候因为家境贫寒只能穿用麻袋做的衣服，还曾被人当作“麻袋少女”而嘲笑。因为她是私生女，所以从小她一直生活在受歧视，受虐待的环境里，在她 9 岁的时候惨遭表哥的强暴。到 14 岁的时候，她成了一名未婚妈妈，并且痛失自己的孩子。这一系列的不幸遭遇，使她离家出走并沾染上了毒品。可是，当她觉得自己的生活不可能再这样被重复的时候，她开始下决心戒掉毒品，对于她来说这是相当困难的。但是，她还是在自己坚韧的意志中成功了。为了成为一名优秀的脱口秀主持人，她决心一步一步来，由于从小受家庭环境影响，没有很好的基础，所以每一步走起来都是异常困难的。但是她从来没有放弃过，在她的字典里，没有什么事情是不可能的，“除非你不愿意去做”，所以，最后当她光鲜地站在镁光灯下面，她可以大声地说“我从来不惧怕失败”。

并不是每一位女士都能成为奥普拉，但是只要你拥有奥普拉一样的决心，就会像她一样获得成功的青睐。没有人能够预知事情的结果，但是每个人都能够通过自己的决心来改变事情的未来，你可以摘得胜利的果实。聪明的人总是对自己所接手的工作信心满满，并且有把它做成功的决心，这样她们在做事情的过程中，就在幻想着自己成功的喜悦，所以她们往往能够凭借自己的决心做好一切事情。

无论面对的工作难度有多大，都要相信自己能够完成。从现在开始，不要在做事情之前就想到失败，你可以设想自己成功的场景。不停地告诉自己“一定能成功”，同时下定决心“一定要做好”。

心理启示

拥有这样积极的心态，就一定能把工作中的每一件事都做好。不要总是没有等困难来的时候就逃跑，这样会让你永远失去成功的机会。做任何事情，不要逃避，不要拖拖拉拉，只要你有决心，就没有不能完成的事情。只要你有决心，就能够成功，就会受到上司的欢迎，就会让你在职场中无往不胜。

第06章

拒绝心理——不好意思也说“不”

在职场生活中，人们总会遇到需要拒绝的时候，但“不”却难以说出口。事实上，在很多时候，适时学会拒绝他人，不管是对于领导，还是同事，抑或下属，都应该理直气壮地说“不”，别总是不好意思。

你是不懂拒绝的老好人吗

“老好人”是人们对一个人人格的赞许，因为他们对别人总是有求必应，哪怕自己会因此感到痛苦，他们也不会拒绝。对此，美国心理学家莱斯·巴巴内尔认为，为人友善是应该的，不过在能力不足或自己繁忙时懂得拒绝也是应该的。不懂得拒绝的人并不值得赞美，因为其外表的友善掩盖了一系列的心理和精神问题。巴巴内尔在其著作《揭开友善的面具》中写道，这类人的病理状态名为“看管人性格紊乱”或“友善病”。他们之所以表现得很友善，有可能存在天生的人格问题，如自卑或孤僻，也可能是受到不好的家庭教育，如家教过严，从小就不敢顶嘴或辩解。

有一个典型案例：

王女士的亲友有问题就爱向她求助，一个侄女每天给她打电话，声泪俱下地控诉丈夫，而且一说就是数小时。王女士其他朋友也是遇到问题就找她帮忙，她从来都不知该如何拒绝别人。私下里，王女士说，她已经身心俱疲了。有一次，一位同事向她倾诉，她放下自己的事情安慰同事。“我当时真想让她闭嘴或滚开，但不知如何开口。”

人们不懂拒绝的原因竟然是取悦别人，当然，这些人的心态存在逻辑的缺陷和错误。一旦拒绝了对方，无法取悦对方，他们就会产生沮丧、焦虑、自责和内疚等消极情感，结果自己就会在适得其反的紧张循环中难以自拔。这样的人要学会控制自己的思维，毕竟总想取悦对方的心态是不靠谱的。思想会促使自己为取悦于人的习惯找理由，从而让这些习惯根深蒂固，比如养成付出的习惯，不懂拒绝的习惯。甚至，这样的思想还会纵容自己继续逃避极可怕的情感。

2001 年布莱柯的《讨好的毛病：治疗讨好他人的综合征》一书问世，如同一颗重磅炸弹在美国社会中散开，不但一下子成了畅销书，而且在著名电视主持人奥普拉·温弗瑞的电视节目里成为讨论的专题，直到今天，这依然是一个大众心理学不可错过的好话题。

在书中，布莱柯认为，一心当好人原来并非没有问题，而是一种有害的心理疾病，它源自“好人”对自己个体价值的信心匮乏，渴望用对他人做好事来赢得外来的肯定与赞美，这样的渴望一旦成为心理定式，就会严重降低行为者的判断力和自控力，成为一种习惯和依赖。

你是否是老好人，这是可以测试的：

请根据自己真实情况，进行一次“体验”，请回答“是”或“否”。

A. 与其说出分歧之处。我试图强调我们的共同之处。

B. 在问题解决的过程中，我试图找到一个妥协性的解决方法。

C. 我可能努力缓和他人的情感从而维持我们的关系。

D. 我有时牺牲自己的意志，而成全他人的愿望。

E. 为避免不利的紧张状态，我做一些必要的努力。

F. 我试图推迟对问题的处理，使自己有时间做一番周全的考虑。

G. 我试图不伤害对方的情感。

H. 感到意见分歧总是值得人们担心的。

I. 我放弃某些目标作为交换，以获得其他的目标。

J. 我避免站在可能产生矛盾的立场。

如果你的回答中“是”超过半数，你就是个十足的“老好人”。你总是模糊事情的真相，喜欢在灰色地带处理人事问题，因为喜欢扮演好人而不讲实话。

如同港剧中的台词，安慰别人时说“做人呢，最重要的是开心”，遇到别人吵架时，来一句“都别吵了，喝碗糖水先”，你善于缓和气氛，更会没原则地和稀泥。你缺乏创造力，工作效率不高，生活中没有特别偏激的观点，也不喜欢处处与人交涉，处处一副温良恭俭的低调姿态。

在美国，有一个叫“好人综合征”的说法，所谓的好人，是那些对别人十分亲切友善、十分好说话、有求必应、想方设法帮助别人、从来不考虑自己，并以此为荣的人们。对这些所谓的“好人”而言，当好人不但是一种习惯或行为方式，而且是一种与他人建立的特殊人际关系。

1.“老好人”是一种行为偏差

老好人是一种行为偏差，甚至是生活或工作的某些方面出现了危机。老好人通常都是很普通的职员，他们工作十分努力，不过能力有限，于是，做好事成为他们博得别人另眼看待或赞扬的补偿方式。这样的人通常家庭或家庭关系可能有欠缺，童年得不到父母或兄弟姐妹的关爱，这会使他们更在意关系疏远者对自己的好感，不惜付出自己的百倍努力，甚至也有人对家人态度很恶劣，对外人却很好。

2. 缺少健康界限

老好人并非好人一个人的事，往往会使身边人也会受到困扰，甚至给他们带来跟着受罪的感觉，而且好人的亲疏还会给家人带来伤害。对此，心理学家指出，一个人要保持健康的心理，有合乎情理的行为，必须保持一定的“健康界限”。也就是说，每一位个体的人都生活在某种身体、感情和思想的健康界限之内，这个界限帮助他判断和决定谁可以接纳，并接纳到什么程度，为谁可以付出什么，并付出到什么程度。

3. 有时候会带来坏情绪

有时候，老好人的思想意识会给人带来负面感情。比如当朋友需要你帮助，或者要求你周末陪她逛街，如果你做不到，就会感到内疚；假如领导需要你在工作时间做一些烦琐的事情，你若做不到，则可能不会感觉内疚，而是担心领导不高兴。

心理启示

老好人所做的都是对别人有利，讨别人喜欢的事情，所以他们都收到了别人颁发的“好人卡”。实际上，其他人接受好人的乐于助人，都是有意或无意带着自私的目的，但老好人却乐在其中，甚至一般人并不觉得这样做有什么问题。

如何摆脱“全能人才”的窘境

心理学家说：“不懂拒绝，憋屈自己；拒绝别人，特别过瘾。”所以，学会拒绝他人，这样才能减少人生中不必要的麻烦。如果不懂得拒绝，总会不自觉地进入有求必应的“老好人模式”：把他人的需求摆在第一位，无怨无悔地满足对方的要求，甚至于常常耽误自己的事情，花费一些不必要的钱和时间；如果不懂得拒绝，总是别人做主，总习惯听他人的意见、命令或服从于他们的意图，但自己的内心却常常痛苦不堪，非常不愿意这样做；如果不懂得拒绝，就会不停地陷入烦躁的心情，抑或麻痹自己，甚至会思考：难道自己一辈子都要这样痛苦地过吗？

同事问小露：“晚上我们要去吃火锅，要不要一块儿去？”其实她本来想晚上加班，赶一份明天要交的方案，不过又不好意思拒绝同事的邀请，所以想了想，最后有些勉强地说：“好吧。”下了班，和几个同事先去吃饭，之后，大家又提议去KTV，她很不想去，但又说不出“不”字，于是又跟着去了。

一晃眼又到晚上十点，大家转而又去大排档吃宵夜，一直到半夜两三点才回家。这时小露早已经筋疲力尽，根本没有力气赶写方案。于是，第二天一早，对着老板却交不出成品，老板的脸色真是难看到了极点，小露心中真恨自己，懊悔不已：“为什么我就是不会说‘不’？”

小露在工作生活中，是个不懂得拒绝别人的人。即使她心里面喊着“不行，不行”，可还是会答应，所以她经常做着自己不愿意做的事情。小露曾经试图与周围的人沟通，不过总害怕别人听了会不高兴。每天早上醒来，小露的心情都很沉重，不知道自己应该怎么办，不过又无法回避这样的生活。慢慢地，小露出现失眠、脱发、心动过速的亚健康症状。

哈佛大学曾经做过一项深入的调查，在这份对1000余人追踪了3年的调查中发现：假如一个人学会合理地拒绝，就可以减少98%以上的麻烦，更可以减少大量的个人财富浪费。

相反，假如一个人不懂得拒绝，或没有掌握拒绝的技巧，那他就会被冠以“老好人”“可随便差使的人”“从不懂得拒绝的人”的称号。这样的个性，不管是在职场、社会、家庭，使得他将会浪费大量的时间，吃尽各种苦头。

同时，通过调查表明，由于自己没有拒绝对方的要求，所以自己的大量时间和财富将不停地被他人随意挪用，导致自己的事情根本无法继续进行，自己的工作和生活也会崩溃，而心理则会陷入痛苦不堪的人生状态。随着自己工作、生活各种崩溃，不停地叠加，当叠加到一定程度时，自己就会陷入万劫不复的状态之中……

在生活中，其实每个人都想被关注，成为自己舞台上的主角；实现自己的梦想，体现自己的人生价值。不过，我们经常看到的却是镜子里自己失败的沮丧表情，因为缺乏意志力，所以导致了彻底的失败。

不懂拒绝，会给人生带来哪些麻烦呢？

1. 无原则的礼让将摧毁你的自我界限

因为不懂拒绝，会过多地在他人面前展露自己的内心世界，过分地渴望他人了解自己，过度地依赖对方，希望对方在本来该自己做出决定的方面代替自己做出决定。甚至因为过多地想了解别人的内心世界，便于获得与别人融为一体的感觉，希望别人依赖自己，希望参与别人的决定等。

2. 不懂拒绝，事情多得做不完

为了取悦对方，表现得非常勤劳，以为为他们分担压力就可以快速得到支持，赢得一个立足之地。这样的想法是不错的，所以不懂拒绝的老好人总是这样做。不过，他们往往忽视了人性中自私的一面：对方会习惯于你的付出，也习惯了“他从来不会拒绝自己的要求”这个事实。当有一天你不愿意这样做的时候，会发现自己马上不受欢迎了。于是，身边的事情多得做不完，自己就好像一头不停拉磨的驴子，完全没办法停下来，因为不懂拒绝，内心非常痛苦，身体也累垮了，但却有苦说不出，只能自己消化。

3. 怕给对方带来伤害，所以只好牺牲自己

由于担心自己的拒绝或强硬会让朋友难过，怕伤害到对方的情绪，所以不得不牺牲自己，委屈自己。不懂拒绝的人不做出拒绝的决定，完全是源于内心的不安和内疚，而不是理性的分析。

心理启示

在日常生活中，老好人尽量表现得很顺从，不拒绝，不反抗，是因为担心对方的愤怒，或担心伤害对方的感情。所以，他只有一种选择：委曲求全，伤害自己。从现在开始重新审视自己的人生吧。战胜自己的“自尊”，与过去的自我对抗，懂得说出自己的想法，学会拒绝不合理的要求，让自己变得开朗、外向、积极起来。

面对领导的要求，如何和气地拒绝

通常情况下，人们对于自己所提出的要求，总是念念不忘，如果提出了要求后长时间没有得到回应，就会认为自己没有受到重视。顿时，他们心中的那种反感、不满情绪就会由此产生。相反，作为被要求者，即使不能答应对方的要求，但是，如果自己能做做样子，适时说出自己的难处，那提出要求的人不仅不会抱怨，反而会心存感激，甚至，他们会主动放弃那些让你为难的要求。

在日常工作中，免不了会遇到需要拒绝上司的时候，有可能是工作任务，有可能是一些无理的要求，这时，高明的拒绝方式应该是说出自己的难处，让上司与你感同身受，让他明白自己真的是无能为力，而不是故意拒绝。如此的拒绝方式，不仅能很好地遵从自己的意愿，而且，也会令对方心

存愧疚，因为他觉得自己是在强人所难，于是，自然而然地，他就会主动放弃自己所提出的要求。

快要下班的时候，经理叫住了正要出门的小东，吩咐道："小东，先别走，客户刚打了电话，说晚一点会过来看样品，这个客户很重要，你留在办公室接待一下。"小东有些不耐烦："怎么又是我啊，每次遇到这种事情都找我，经理啊，这都下班了啊，我也想多有一点自己的私人时间，你看我都三十岁了，连个女朋友都留不住，她跟我分手的理由就是我太忙了，我就请你高抬贵手，放过我这一次吧。"经理脸色有些阴沉，但还是轻言说道："毕竟，关于样品的介绍，还是你比较熟悉一点，你做了这份工作就得承受相对应的工作压力，而不是把自己女朋友走了的事情跟工作扯上关系。"

见经理还是要求自己去做，小东索性也冷着一张脸，说："经理，反正我今天有事情，我真的去不了，你要怎么惩罚我都可以，我走了。"说完，头也不回地走了，只剩下经理在那里张口结舌地站着。

案例中，小东的拒绝算是比较差劲的，虽然可能他是真的有事情，但也不应该以这样的口气与领导说话。这样的拒绝方式，非但不会让领导体谅你，反而会责怪你不服从命令。对每一位领导来说，需要管理的是整个公司，并不只是某一个人，保持自己的权威性对他来说十分重要。

这就需要你在拒绝时要特别注意自己的言辞，选择一个合适的场合，用友好的语调与其交谈，这会让领导感觉到你的尊重，感觉到你是在为他维护权威和形象，他就会觉得你是一个善解人意的员工，也会因此对你产生一种好感。

早上，李经理来到王主任的办公桌前，笑着问道："小王，在忙啊？"王主任心中一动，心想肯定是经理要找自己去帮忙做事了，这个李经理总是利用工作事情吩咐下属去帮他做一些私人事情，以前总是不知道该如何拒绝，这可怎么办呢？

王主任想了想，回答说："是啊，您看，这一摞文件，全是今天需要整理出来的，本来今天是我老婆生日，但为了工作，估计晚饭都不能回家吃了，刚才老婆还打电话向我抱怨呢？"说完，停了会儿，王主任打算主动问："经理，有什么事情吗？"李经理有些不好意思："本来我打算请你帮我做件事情的，可看到你这样忙，我也不好意思了，你先忙吧，也别忙得太晚了，还是早点回家跟老婆吃饭吧。”王主任笑了笑，没说话。

王主任早就猜到了经理需要自己帮忙，于是，还没等经理正式提出要求，王主任就表示自己今天真的很忙，连老婆过生日也不能陪了，难道我还有多余的时间来帮你做事吗？这样一说，经理感觉到小王确实很有难处，连他自己也觉得不好意思，而那种被拒绝的不快之感早就淹没在内疚之中了。

那么，在现实工作中，面对上司的要求，下属该如何拒绝呢？

1. 尽可能说自己的难处

任何一个无情的上司在听到下属的难处的时候，他们总会不由自主地产生同情心，他们会想“原来他已经很忙了，我怎么还好意思麻烦他呢”“他确实有难处，对我提出的要求难以办到，这不能怪他”。在这样的心理作用下，即使你拒绝了上司的要求，但他还是会以理解、体谅的心理对你，自然而然，也不会再强求于你。

2. 适时让上司“感同身受”

如果你拒绝的那些话，恰好能够说到上司的心里，那就更能让上司“感同身受”。比如，对上司说：“您也知道，我最近都在忙那个企划案，几乎每天晚上都工作到两三点，我想暂时是没有多余的时间来做其他的事情了。”如此一说，上司看到这样拼命的下属，还会说什么呢？只会送上赞美之词，而浑然忘记自己所提出的要求。

3. 说“不”理所当然

在现实工作中，我们经常遇到的就是上司所提出的要求，有可能是在你忙得焦头烂额的时候，麻烦你倒杯茶；有可能是在你下班回家的时候，邀请你一起喝酒；有可能是将一份棘手的工作交到你手里。虽然，作为下属，无论从哪方面来说，都需要服从上司的旨意，但是，在适当的时候，也需要对上司说“不”。

4. 深情并茂地诉说自己的难处

当然，在拒绝上司的时候，切忌泄露自己的主观心理，诸如自己根本不愿意去干这样的事情，或者，我只是找个借口拒绝。而是需要尽量地诉说自己的难处："真的有事，走不开""对于这件事，我真的无能为力，我已经做了很大的努力了，但还是没有办法""我这个周末的行程已经排得很满，你也知道的，那个工作计划我必须在下周一赶出来，否则又得耽误同事们的工作了"。如此种种理由，定会令上司觉得你真的有难处，在心理上，他能理解你，那么，他自然不会再强求于你，甚至，还有可能赞赏你的这种行为。

心理启示

在某些时候，需要拒绝上司提出的要求，对我们而言确实有不得已的难处，不妨坦率地告诉上司自己的难处，毕竟上司的心也是肉长的，他听了下属的难处，自然会明白其中的真意，理解了、体谅了，他就会主动放弃自己的要求，与此同时，他心中便不会产生不快的情绪。

如何拒绝领导酒桌敬酒

在日常工作中，对于下属而言，交往是必不可少的，而交际就离不开应酬。在现在这个社会，应酬自然少不了酒宴，喝酒成了下属不可回避的问题，尤其是面对领导敬酒的时候。一般而言，当领导向自己热情敬酒的时候，作为被敬酒的一方，应保持这样的礼仪：不躲不藏，不要把酒杯翻过来，或将他人所敬的酒悄悄洒在地上，敬酒的时候，上身挺直，双腿站稳，用双手举起酒杯，待对方饮酒时，再跟着饮，敬酒的态度要热情而大方。但是，"喝酒伤身"这是每个人都知晓的道理，如果身体欠佳，而又面对热情的轮番敬酒的领导，这时，该如何回绝呢？高明的回绝方法既拒了酒又不得罪敬酒劝酒的领导，甚至，还能够获得领导的同情与认可，这才是拒酒的最高境界。

酒桌上，几个领导都喝高了，在那里玩着轮番敬酒的游戏，小张已经感觉到自己身体吃不消了，再喝下去胃肯定出血。但是，领导们似乎并没到罢休的时候，这时，销售部的张经理又开始敬酒了，小张挡住酒杯："我可真不行了，再喝，我的胃都要出血了。"谁料，张经理说："喝！感情铁，喝出血！宁伤身体，不伤感情；宁把肠胃喝个洞，也不让感情裂个缝！"

一听领导说出如此不理性的话，小张笑了，今天可真要把这酒给拒了，他回答说："我们要理性消费，理性喝酒。'留一半清醒，留一半醉，至少在梦里有你伴随'，我是身体和感情都不愿伤害的人。没有身体，就不能体现感情；没有感情，就是行尸走肉！为了不伤感情，我喝；为了不伤身体，我喝一点儿。"喝得半醉半醒的领导们听了这话，马上竖起了大拇指，大笑着说："不愧是小张，我的好兄弟，说得对，干了这杯酒，咱们马上撤队回家。"

一般情况下，领导在敬酒时都会说一些敬酒的话，这时，不妨巧妙顺着领导的敬酒词表达自己的拒酒话，以此达到拒酒的目的。有的人拒酒很有一套，遇到熟人硬劝，他就嬉皮笑脸，让劝酒的人别客气；碰到陌生人敬酒，他就说自己酒量不行。这样一来，基本上能混过一次算一次。

1. 拒领导之酒是一种学问

在酒桌上，敬酒劝酒是一门学问，而与之相反的拒酒也是一门学问。虽然，在喝酒之前总是提醒自己"喝酒伤身，上个月才做了手术，还是少喝点"，但一上了酒场，领导轮番的敬酒劝酒很快就让自己招架不住了，根本不知道该如何拒酒。

2. 赢得领导的体谅

从社交关系来说，领导敬酒应该是好事情，作为下属应该先干为敬，但现实情况却是，如果自己真的身体虚弱，喝酒多了肯定会坏事。对此，面对酒桌上热情似火的领导，下属应该想好拒绝的理由，比如，"我一会儿要开车，不能喝酒""我上个月才做了手术，你不想我第二次进医院吧""我的胃一直不好，喝了酒就会出血""我对酒精过敏""我前阵子生病了，正在吃药，医生不让喝酒"，等等，这些都是司空见惯的理由，而这一切都是为了拒酒，让领导体谅自己的难处。

3. 硬拒和软拒

当然，说到拒酒，又分为硬拒和软拒：硬拒就是直接、不留情面地拒绝，比如“我不喝酒”；软拒就是不伤和气地拒酒，比如“不好意思，我一会儿还得开车回家，还真得少喝点”。实际上，对待领导的轮番敬酒，我们应学会软拒，而不是硬拒。

心理启示

酒桌是一个交际场所，而且，这个场所十分考验人。作为下属，如果你不能喝酒，那么，最好学会拒酒。既然自己的酒量不能让同桌的人痛快，那就凭着那三寸不烂之舌让领导们开心。这样一来，你既不会伤了自己的身体，又不会让劝酒者扫兴。

如何拒绝同事提出的不合理要求

在职场生涯中，有时候身不由己，经常会遇到同事请求自己帮忙做一些事情。假如自己从来都比较热情，或者不好意思拒绝同事，那时间久了，同事所提的请求将越来越不合理，自己则可能会陷入越帮越忙的难堪境界。通常情况下，对同事的不合理请求来者不拒，即便是牺牲自己的工作也在所不惜的人，内心都是比较脆弱的老好人，他们在拒绝别人方面存在着心理障碍。不好意思拒绝，他们担心伤害别人的面子，只能自己硬着头皮上。同时，他们觉得自己无原则地帮助别人是可以体现自己价值的。但是，他们往往忽视了自己的时间和精力都是有限的，在职场中，只有尽全力将自己的分内工作做好，才能够真正体现自我价值。

露露曾经在一家文化传媒公司做文员，平时自己的工作就比较繁杂，她还经常帮同事做事。每当同事需要帮忙，露露总是来者不拒，即便放下自己手头的工作，她也先帮别人把事情做好。尽管她自己累点，但总算赢得了同事的喜爱。

后来，行政部准备提拔一位经理，在公司工作多年的露露觉得自己应该很有机会，毕竟过去自己长时间为同事服务，在公司真的是“鞠躬尽瘁，死而后已”，如果自己不能如愿提拔，那真是对自己不公平。没想到，最后是一位平时只做自己工作但从来不愿意帮别人的同事晋升了。露露百思不得其解，她跑去问人事部主任，主任当即说：“管理层在讨论晋升人选的时候，确实考虑过你，不过，大家都说你虽然很喜欢帮同事，但自己的分内工作却不是十分出彩，没有让大家看到你在工作技能和管理能力上的提升，同时也担心你这样不懂得拒绝别人的请求，喜欢做老好人，可能在管理岗位上疲于应付，不能坚持自己的原则，所以……”

这件事之后，露露得到了很大的教训，她终于明白了：职场如战场，是需要拿出自己的真本事，拿出自己的工作业绩。只有努力开拓出属于自己的一片职业新天地，用心耕耘，创新精神，才能得到领导的认可。如果自己仅仅是做一个老好人，是完全没办法体现自己价值的。

许多职场中人都有跟露露一样的经历，越帮越忙不说，还越帮越不开心。同事的事情倒是解决了，但却耽误了自己的工作。甚至，有时候给同事做了半天的事情，末了还讨不了个好，连句“谢谢”都不曾听到，好像自己做事情是应该的，要帮就必须帮好，否则自己就不够义气。所谓的老好人，内心自己的苦闷又该向谁诉说呢？

快下班的小王接到了同事小张的电话，他很着急地请求小王再帮他一下，写个新方案给客户，他说客户已经催他好几次了，而他确实没时间，因为小张最近谈恋爱的关系，小王常常帮小张写方案。

最近坠入爱河的小张是小王在公司里关系比较好的同事之一，以前他们经常会在下班后一起打球、吃饭。本来，小王挺欣赏小张的洒脱和率真，所以在一个月前当小张一脸兴奋地说自己谈恋爱的时候，小王几乎毫不犹豫地答应帮他做方案，以此为小张腾出更多的时间去谈恋爱。

但是一个月下来，小王发现自己越来越不快乐，他发现自己已经讨厌总是替小张做事。但是，应该怎么拒绝呢？小王觉得拒绝的话很难说出口，作为好朋友应该互相帮助，如果自己开口说拒绝，会不会失去小张这个朋友呢？

在案例中，当小王愿意帮助小张的时候，他可以去帮助他，假如小王内心不愿意再帮助小张，他就可以用这样一个简单的方法来拒绝他：先了解清楚情况，理解对方，再告诉他自己的想法，同样也需要对方的理解和帮助。在拒绝同事的时候，表达友好和善意是我们拒绝时最重要的原则，它可以帮助我们建立更适宜和和谐的人际关系，在这样的前提下，我们可以使用其他的方法，或者找一些小借口，就可以很好地拒绝同事。

办公室里的同事，需要相互帮忙的时候比较多，当然，在我们力所能及的情况下，帮助同事是很有必要的，毕竟这样做可以给我们带来很多的好处，比如建立和谐的人际关系以及促成高效的工作。不过，在职场工作中，也会有同事提出一些不合理的要求，这时我们应该怎么办呢？我们经常担心或者不愿意拒绝别人的要求，因为我们担心失去与他们良好的关系，所以在面对同事的不合理要求时，我们会感到十分为难。

1. 做好心理建设

每个人都必须知道自己拥有拒绝别人的权利，然后找一个可以轻松说话的地方，并且考虑说话的时机。之后考虑清楚要拒绝对方要求中的哪个部分，而且预先准备好可以明确传达出“这个事情我没办法帮你，但假如改成……我就可以帮上忙”的讯息。

2. 在“行”与“不行”之间找出路

遇上同事请求协助的时候，自觉只能接受或拒绝，没有回旋余地，也是导致人们无法拒绝的原因之一。其实，只要把拒绝别人的请托当成是在跟对方交涉，就比较能够消除心理障碍，没有那么难开口。

假设完全接受对方的请求是 100%，彻底拒绝是 0%，那么不妨试着向对方提出 90%、70% 或 50% 的方案。你可以从请托的“内容”“期限”和“数量”作评估，比如说，90% 接受是“期限延长 3 天的话就办得到”；70% 接受是

“无法担任项目经理，但是参与项目没问题”。

3. 拒绝前先感谢

拒绝的说法也有一套固定模式可遵循：先以感谢的口吻，谢谢对方提出邀请；然后以缓冲句“不好意思”“遗憾”接续，让对方有被拒绝的心理准备；接下来说出理由，并加上明确的拒绝：“因为那天临时有事了，所以没办法出席。”

4. 拒绝后表达歉意

如果婉拒无关紧要的邀约（如应酬），只要说今天不方便就好；但如果是拒绝额外的工作，就必须说出今晚无法加班的具体理由。最后不忘加上道歉，以及希望保持关系的结尾：“真的很抱歉，若是下次还有机会，我会很乐意参加。”

5. 电话拒绝要格外温和

电话沟通看不到说话者的表情和动作，有时就算说法客气，对方还是会觉得你的态度强硬，所以讲电话的时候要增加缓冲句，尽可能体贴对方的心情。E-mail 则是连声音的抑扬顿挫都没有，容易给人公事公办的感觉，所以要增加感性的词汇。

6. 正面朝向对方，放松眉头

通常，我们说话的姿势、表情、音调也会给人不同的感觉。拒绝时要尽量正面朝向对方，侧身容易给人警戒心强的感觉。蹙眉也会给人负面的印象，尽量有意识地纾缓眉头，以接近微笑的温和表情讲话最适当。

心理启示

其实，当我们没有学会灵活地拒绝别人的时候，尽管表面上我们是答应了对方的要求，但实际上，在我们内心深处会积压许多怨气，这会让我们感到痛苦，并且反过来有一天会影响我们与其他人的交往。所以，拒绝同事，学会积极的沟通技巧，学会合理地表达自己的感觉，这对我们是非常重要的。

拒绝下属时要及时安慰

在日常工作中，最让领导头疼的是面对下属提出的一些要求，诸如加薪、升职、福利，等等。当尽心尽职的下属提出这样的要求，作为领导者该怎么办呢？要么欣然答允，双方皆大欢喜，但你可能刚刚还在为公司正面临利润滑坡、预算紧缩而头疼，如果就这样答应了对方的请求，你又拿什么去兑现呢？在这种情况下，大多数领导者都是拒绝其要求。当然，没有哪位下属喜欢被拒绝，被拒绝意味着自己的意愿或行为遭到了否定，这对于任何一个人来说都是难以接受的。作为领导者，在拒绝下属的时候，不要急切、直接地表明自己的立场与处境，而是需要掌握必要的沟通技巧，既不伤对方自尊心，又能婉转地拒绝他人，尽量降低拒绝产生的负面效应。

当然，如此的善后工作肯定非领导者莫属，毕竟，一旦拒绝引发了下属的不良情绪，在接下来的工作中，或许你将多了一个头疼的管理对象。所以，为了降低拒绝带来的负面效应，领导者在拒绝下属的时候，应及时给予其肯定与安慰。

邓丽是一家蛋糕店的店长，在顾客打折或者优惠方面持有一定的权利。因此，店里的员工总会因为自己朋友的关系而有求于小邓，希望她能看在自己的面子上打折或优惠一些。对于这样的情况，邓丽总是烦不胜烦，拒绝又觉得不好意思，不拒绝又不好跟公司交代。

久而久之，邓丽想出一个办法。拒绝是必须的，不过拒绝时能给予一句好话或者赠送一点小礼品，这样员工脸上也过得去。有一次，员工小王的朋友来订生日蛋糕，那位女士当场表示："亲爱的，你跟店长说一下，帮忙打个八折吧。"小王顺水推舟开口跟邓丽讲了，邓丽看着正在做促销的赠品小蛋糕，计上心来："哎呀，大姐，你是老顾客了，跟小王关系又这么好，这店要是我开的，别说八折，就是七折我也愿意啊，不过，公司有公司的规定，这个折扣是不能乱定的，不如这样吧，你看这个小蛋糕别致吧，要不我送你两个小蛋糕吧，你看也可以给孩子吃。”说着，邓丽就拿起两个小蛋糕递给顾客，顾客本来听说不打折有点不太高兴，不过一看到免费的小蛋糕，又喜笑颜开，说道：“哎哟，那就多谢你了，正好家里有个三岁孩子呢。”然后，顾客高高兴兴地拿着小蛋糕走了。

本来，打不打折并不是邓丽一个人能够决定的，所以面对下属朋友源源不断的打折要求，她只能通过恰当的方式合理拒绝。但是，拒绝又不能太直接，毕竟中间还隔了一个员工，做得太直接，也会让员工脸上不好看。所以，邓丽在拒绝对方时，给予一定的心理补偿，一句好话，一点小赠品，就不至于让对方难以接受。这时，顾客就高兴地接受了邓丽提出的要求。在适时的情况下，邓丽还及时对小王给予了肯定与安慰，让顾客心里感到暖暖的。

一个人在遭受拒绝的时候，他所希望得到的是一定的安慰与肯定，这样会让他觉得自己即使被拒绝了也没有什么。比如，领导者拒绝了下属的升职要求，及时给予其肯定与安慰：“小李，这次的名额就这么几个，我已经给你想了办法，但你也知道，最近人事部变动大，其实，我很欣赏你的工作能力，过一个月我的员工培训计划，我会向上面推荐你的，你好好干吧，公司是不会亏待你的”，如此一说，下属的心里肯定暖和和的，之前被拒绝的失望情绪也消失得无影无踪。

最近，单位里都在谈论分房子的事情，老王心中一动，自己上一次就把名额让了出去，这次可不能再让了，想想自己一大把年纪，为公司拼命了几十年，最后什么也没得到。怀揣着这样的想法，老王来到了经理的办公室，经理热情地打招呼：“老王，来啦，请坐，快请坐！”说完，还亲自倒了一杯茶递给老王，如此的热情态度让老王有些受宠若惊。

老王喝口茶，润了润口，说道：“经理啊，听说这次分房子的事情定下来了，我想问问有我的名额吗？您也知道，我这老骨头一把了，为公司工作这么多年，没有功劳也有苦劳啊，如今，转眼就要退休了，可我那一家子还挤在出租房里，如果你看见了都会不忍心的，我想争取一个名额，您看？”经理听了，似乎眼睛也湿润了，不过，他面有难色地说："老王，我知道你们家的情况，老实说，就今天早上我还跟领导说到了你的事情，而且，在过去几十年里，你为公司尽心尽职，可以说是我们公司最值得嘉奖的老员工了，不过，你也晓得，这次的分房计划主要是针对刚到公司的新人，对老员工的考虑可能不是很周全，所以，名额不是很多，你的情况我很了解，考虑到你们家现在的处境，我们部门决定将这个月的奖金发给你，算是贴补贴补，至于分房子的事情，我已经把你的名字报上去了，下一次绝对会优先考虑到你的情况。"

老王听说有一笔奖金，虽然分房子暂时没希望了，但经理还在努力为自己争取，他也就笑笑，心里那种被拒绝的不快之感顿时也消失了。

经理在拒绝老王提出的要求的时候，首先肯定了老王的成绩，赞扬了老王这么多年为公司的付出。然后提到了分房子的具体情况，说到了自己的难处，确实是事出有因，并不是自己想要的结果。最后，在适当的时候，他及时给予了老王安慰，既然你所提出的要求不能满足，那就先给一些物质补偿作为安慰。

那么，在现实工作中，作为领导者，该如何拒绝下属的请求呢？

1. 委婉地拒绝

当我们开始说"不"的时候，态度必须是委婉而又坚定的。委婉地拒绝比直接说"不"更容易让人接受。比如，当下属提出的要求不合公司部门规定的时候，你可以委婉地告诉对方你的权限，自己真的是爱莫能助，如果耽误了工作，会对公司与自己产生冲击。

2. 拒绝之前先倾听

下属向你提出要求的时候，他们心中通常也有些困扰或担忧，所以，你在拒绝之前应该先倾听。对方把需要与处境讲清楚一些，你才知道自己该如何帮他，而且，倾听能让对方有被尊重的感觉。当你婉转地拒绝对方时，也能避免伤害到对方。

3. 表现出自己的关怀

有时候，你可以在拒绝时提出一些可替代性的建议，最好隔一段时间主动关心对方的情况，比如，你可以问“上次你的那件事情办好了吗”，这样会让对方觉得虽然当时你没有给予帮助，但随时都在关心他的状况，他也会感激你的。

4. 有耐心

在拒绝过程中，除了需要掌握一些沟通技巧，还需要发自内心的耐性。如果你表现得很淡漠或者敷衍了事，对方会觉得你不是个诚恳的人，这样也会影响你的人际关系。

心理启示

通常情况下，一个人在遭受他人拒绝的时候，他的心里会由于太高的期望与预期的失望形成了心理上的落差，他心中的失望情绪是难以言喻的。领导者作为一个高明的拒绝者，应该处理好拒绝后的善后工作，也就是针对其心理落差给予一定的肯定与安慰，降低拒绝带来的负面效应，减少其心理的失望情绪，使被拒绝者在遭受拒绝后依然能保持愉快的心情。

第07章

行为心理——肢体语言会说话

在现实工作中，无论我们身居何职、身处何地，在我们身边围绕着的大部分是领导、同事、下属，那你是否认真观察过他们的行为呢？事实上，了解他们完全可以从肢体语言着手，通过观察其平时的行为，能够揣测对方的性格、情绪、心态等。

如何理解领导讲话的手势语言

在日常工作中，领导讲话是必不可少的一项任务，而伴随着领导讲话的还有一系列手势。手势，就是指用手指、手掌、手臂的活动来表达情感，传递信息。通常情况下，领导讲话都会附带一些手势，一方面可以强调和解释语言所传达的信息，另一方面适当的手势可以使讲话的内容更丰富、形象、生动。对此，有人说："手势是口语表达的第二语言。"由于手势语是肢体语言的重要组成部分，因此，通过一个人在讲话时所使用的手势，可以窥其真实的个性。

某位英国记者在整理多张欧美首脑照片的时候，发现了一个奇怪的现象：从奥巴马、希拉里到卡梅伦、萨科齐总统，他们在讲话时都会摆出同一个姿势：伸出手臂，并用手指指向天空。尽管在很多时候，天空中什么东西也没有。

原来，奥巴马在访问英国的时候，交谈期间，首相布朗和保守党领袖卡梅伦都不约而同地伸出了手指；希拉里在多次民主党总统候选人拉票集会期间，在向民众讲话的时候，她也伸出了手指；德国女总理默克尔和法国总统萨科齐在欧盟会议上，两人均是伸出手指，眺望远方。

对此，心理学家这样分析：欧美领导之所以在讲话时伸出手指指向天空，是因为在他们潜意识里，希望令自己看上去更具有领袖的气质，不想被观众认为是一个多余的人。英国心理学家马丁·斯金纳博士这样说道："首脑和那些即将成为首脑的人，都希望自己看上去像是一位真正的领导者。于是，在讲话的时候，他们在潜意识中试图摆出类似雕像的姿势。很显然，抬起手臂、昂起头的姿势无疑比光站着讲话更有活力，而眼睛向前方望去，使他们看上去更有远见。"

在平日的工作中，领导们讲话时的手势也是各种各样。有的领导在讲话时总是不自觉地举起自己的手掌，试图让下面的听众都能看到；有的领导在讲话时会习惯性地摸自己的嘴巴；有的领导在讲话时则会不时地触碰自己的头发；有的领导在讲话时，总是将两手握在一起，时而分开，时而又握在一起，在讲话过程中一直重复这样的动作。如此不同的手势，直接体现了领导者不同的个性。

下面，我们就几种常见的讲话手势，逐一分析隐藏在手势之外的领导者的个性。

1. 习惯性摸嘴巴

有的领导在讲话时习惯性摸自己的嘴巴，但是，这样的手势很细微，如果你不仔细观察，根本发现不了。这样的领导性格内向，容易害羞，他们常常用语言来表达自己的真心，不过，却很容易被人误会。另外，如果他在讲话时经常出现这样的手势，表明其最近压力很大。

2. 不自觉地举起自己的手掌

有的领导在讲话时总会举起自己的手，试图在强调某个重点。这样的领导者思想开放，热衷于社交。但是，在工作中，经常会犯喋喋不休的毛病，比如，下属只不过犯了一个小错误，他可能会说上半天。喜欢表现自己，由于其情感善变，因此，你很容易与之亲近，但同时，也很容易被他讨厌。对于这样的领导者，需要小心相处，稍有不慎，你就有可能变成那个被他讨厌的人。

3. 两手握在一起

有的领导在讲话时会将两只手握在一起，或许是很少在公众场合讲话，以此手势表现出其内心的紧张。这样的领导大多属于容易紧张的人，如果他是认真地与你谈话，那么，下意识里，在他身上就会出现这样的手势。他们大多个性敏感而多疑，在做决定时常常陷入犹豫不决的状态，因而错过了许多良好的机会。

4. 用手摸头发

有的领导在讲话时会不时地用手摸自己的头发，这样的领导喜欢注意身边的人，同时，他们很在意身边的人，以及在意身边的人对自己的看法。对这样的领导，作为下属要注意自己的言行，以防给他留下不好的印象。另外，对于自己的失败与错误，他们常常耿耿于怀，十分介意。

心理启示

尤其是对于领导者，手势语是其在讲话过程中常用的一种动作语言，一举一动均是其真实个性的自然流露。对此，心理学家认为，不同的手势反映了领导者不同的心理活动，在某种程度上可以读出领导者的真实个性。

领导的签名方式有什么特别的意义

无论是在公司，还是在谈判场合，我们会经常看见上司的一个习惯性动作，那就是：签名。在公司内部，许多工作的执行需要上司签字；在商业谈判中，所拟定的合同需要签上上司的名字。于是，签名成了上司繁忙工作中的一个小插曲，在天长日久的锤炼中，上司的签名也逐渐成了一种风格。作为上司，许多人私底下会苦练自己的签名，致力于使自己的签名看起来别具一格。其实，许多人都不知道，通过上司的签名是可以揣摩其性格的。如果你还在为揣摩上司的心理而发愁，那么，从现在开始，仔细关注上司的签名方式，并从细枝末节中来达到识破上司心理的目的。签名所涉及的是笔迹心理学，这是一门研究人的书写心理以及笔迹特征与个性心理的科学。而通过签名方式来看破上司的性格，我们所采用的就是笔迹心理学。

美国心理学家艾维·赫尔斯丁说："每一个人脑的思维被无意识地输送到手指尖上，笔迹是思维的轨迹。"笔迹如何，全凭着一双手的操作，另外，笔迹的姿势、轻重、缓急都会受手和大脑的控制。从法律上来说，每个人的签名方式都是特别的，不过，在具体的细节中，可以将人们的签名方式归结为几类，比如带着图案式的签名、难以辨认的签名，等等。如果我们想了解上司的性格，不妨从其最擅长的签名方式着手，从心理学的角度来识破其真正的个性。

下面我们就介绍几种常见的签名方式，可以供你借鉴，以此来揣摩上司的真正性格。

1. 拥挤的签名

有的上司在签名时小心翼翼，字写得很小，而且，名字都挤在了一起。在其心里，很想把最小的东西作出最大的运用，这样的上司在平时的工作中就是一个精打细算的人，喜欢节约，不喜欢铺张浪费。但是，因为签名显得太小气，反而给人留下不好的印象，所以，究其在生活中以节约为主，但其实到最后，他并没有为此省下多少钱。

2. 与平时写字倾斜度不一样的签名

有的上司在签名时会显得与平时写字很不相同，比如，平时写字往右倾斜，签名时却向左倾斜；或者，平时写字往左倾斜，签名时却向右倾斜。前者很想给人留下冷淡的印象，这不过是伪装出来的，其实，这类上司本身相当友好，善于交际，性格外向；后者从表面上看是一位社交高手，热情而幽默，不过，却隐隐含着反叛的心态。

3. 夸张的签名

有的上司在签名时故意签得比较夸张，虽然，这样的签名方式看起来很有艺术感，但是，却是伪装而成的。这样的上司心中常常感到无奈，于是，他们所做的很多事情都是来克服心中的无力，比如，买豪华轿车来达到内心膨胀的目的。

4. 与平时写字大小不一样的签名

有的上司在签名时会显得与平时的写字大小不相同，比如，签名字体比平时所写的字体大，或者，签名字体比平时所写的字体小。前者内心有强烈的自我膨胀，希望通过签名来让人记住自己，可事实上，很少人能记住他们；后者，内心自卑，常常会避免接受一些荣耀，平时喜欢吹毛求疵。

5. 笔迹强劲、笔直

有的上司在签名时会刻意强调笔迹的风格，使整个签名看起来笔直而不夸张。就和他们的性格一样，此类上司有着较强的自信心，对任何事情都能坚持到底。同时，他是一个不轻易放弃的人，如果事情遇到了一些麻烦，需要重新开始，他也会毫不犹豫地投入其中。

6. 逐字上升的签名

有的上司在签名时会不自觉地造成逐字上升，即整个签名呈上升的趋势。这样的上司有着强大的野心和必胜的决心，其事业正如签名一样，会越来越好。面对已经决定的事情，他会毫不犹豫地坚持下去，绝不放弃。

7. 逐字下垂的签名

有的上司在签名时会不自觉地造成逐字下垂，即整个签名呈下降的趋势。这样的上司很容易因工作而疲劳，有时候，繁忙的工作会让他觉得无力应付。在工作中，他可能正在遭遇挫折与困难，随时都有可能倒。

8. 带图案的签名

有的上司在签名时会增加一些具有艺术感染力的图案，使整个签名看上去高雅而有节奏。其性格就像签名一样，独特而有艺术气息，有一定的品位，较强的自信心。这类上司对自己的喜好，从来不掩饰，常常是直言不讳。

9. 像学生类的签名

有上司的签名方式与学生时代的签名一样，字体缺乏形式与流畅，大小不一。如此的签名方式，体现本人的感情还处于学生时代，或许，就连其智力也还停留在那个时代。他没有办法适应公司的成人世界，故在笔迹上显露出内心的诉求。

心理启示

一个人在签名时的一笔一画，都会向人们展现其内心世界。现代社会，许多领域都会用到笔迹心理学，诸如心理分析、人才招聘、遗产公证、犯罪等领域。上司的签名就代表着他自己，这是很明显的。

如何识破领导说话时的身姿语言

虽然人们说话时的身体姿势都差不多，但处于领导的位置，他们的身体姿态却有所差别。这是由于领导身份特殊，即便是在说话时也需要彰显自己领导的身份，因此自然而然地，他们的身体姿势也不能太过随便，否则就会影响到自己的威信以及领导者的形象。实际上，下属不能忽视领导在说话时展现出来的身姿，而是需要用心观察，因为领导说话时的身姿恰恰暗示了其真实的心态。对此，我们在倾听领导说话的时候，还需要注意领导的身体姿势，是拘谨还是放松，是霸气还是祥和，总之，这些不同的姿势都会逐一反映出领导者的真实心态。

小伟经过层层面试，终于如愿以偿地进入了这家公司。上班第一天，秘书请小伟去总经理办公室一趟，小伟有点激动，这可是第一次见领导呢。

秘书把小伟引进办公室就出去了，小伟忐忑不安地站在那里，只见领导正襟危坐在办公椅上，似乎正在批阅一些文件。似乎察觉到有人进来了，经理头也不抬，询问道："是新人吧，今天第一天报到吗？"小伟本想点点头，但一想到领导看不见，只好回答："是的，经理。"

这时经理才抬起头来，身体微微向前倾，说道："请坐，别紧张，我不过也是一个普通人，又不是吃人的老虎，你害怕什么？"几句话说得小伟也忍不住笑了起来，接着，经理开始介绍："我们公司的大致情况，我想你在面试时应该很清楚了……"

在案例中，首先领导坐姿给小伟的印象是正襟危坐，这表示领导本身比较稳重，而且对自己充满自信。虽然，在刚开始询问小伟时经理并没有抬头，但随之的动作，身体微微向前倾，这表示出他对小伟的尊重。再加上良好的语言表达，小伟可以感受到这是一位容易相处的领导。

到了年底，房地产公司的销售额又翻了一番，对这样瞩目的成绩，公司上下都很高兴，同时可以轻松地吐一口气：终于可以过个好年了。

春节期间，公司员工小罗带着从老家捎过来的特产去给销售经理拜年。到了销售经理的家里，正看到销售经理坐在椅子上，身体往后靠，双手放在脑后，双肘向外撑开，一副轻松惬意的姿态。小罗热情地打招呼："经理，过年好。"经理笑了笑，但并没有改变自己的姿势，小罗在对面坐下了，有一句没一句地跟经理闲聊了起来。很快，经理就将话题转移到了销售业绩上，小罗由衷地赞叹："要我说，去年年底还是经理有办法，采取了小小的手段就让咱们公司赚得盘满钵满，您的功劳可是最高啊！"经理微笑着说："哪里哪里，那都是咱们全公司的功劳，如果没有你们的加班出力，也不会有那么大的成绩。"话虽这样说，但小罗观察他的姿态则可以显现出他这时多么自负。

在案例中，经理坐在椅子上，身体往后靠，双手放在脑后，双肘向外撑开，这样一种身体姿态表示他正处于一种轻松的状态，但同时也表示他心里很自负。通常领导在作出了一定的功绩之后，大部分都会采取这样的姿态，一方面放松心理，另一方面则显现出自负。

在人际交往中，人们的口头沟通常常需要借助人体的各种姿态，这就是我们常说的体态语言，而身体姿态正是包括在其中的。对于领导者来说，掌握不同的体态语言是与他人顺利沟通的重要保证。而对于下属来说，在倾听领导说话时更需要注意其身上表现出的不同姿态。通常一个人的身体姿态能够表现出其是否有信心、是否精力充沛，人们的身体姿态有站姿、坐姿、行姿三种。不同的身体姿态，都显示着领导者们不同的风度和修养，以及其心理状态。

领导在说话时所表现出来的身体姿势往往显示其真实的心态。

1. 双手叉腰

比如领导双手叉腰，肘弯向外撑，这是好发命令者的一种传统人体语言，往往也是领导者在碰到具体的权力问题时所做的姿势。

2. 双手放脑后，身体后靠

领导坐在椅子上，将身体往后靠，双手放到脑后，双肘向外撑开，这说明他这时很轻松，也暗含着内心的自负。

3. 拍下属的肩膀

领导在说话时拍拍下属的肩膀，这是对下属的肯定和赏识，不过，也只有从侧面拍才表示出真正的赏识，若是从正面或上面拍，则表示出轻视下属或展现自己作为领导者的权力。

心理启示

站立的姿态体现了领导的精神风貌和道德修养，下属应该观察领导说话时站立是东倒西歪还是耸肩驼背；坐姿方面，下属需要观察领导是前俯后仰、抖腿摆脚，还是身体微微向前倾；走姿最能体现一个人的精气神，下属需要观察领导是稳步前行，还是急匆匆地赶路。

同事日常小动作表露真心

现代心理学的研究证明：一个人不经意间表现出来的小动作能够反映出一个人的内心，或者对别人所保持的态度以及意见。在日常工作中，我们会发现，几乎每个人都有其特别的小动作，而这些不经意表现出来的小动作恰好能直接反映其内心。心理学家认为，每一个人的小动作都隐藏着其内心的真实想法。在很多时候，一个人的肢体语言和他们内心想要说的话并不一样，这就是所谓的小动作了。比如，在公司会议室，身边的同事看起来很认真地在听，但是，在办公桌的下面，他的手指却在不停地反复敲击着。这样的小动作表示这个同事实际上与他的表面是相反的，他一点也没有将心思放在开会上，心不知道飞到哪里去了。因此，在工作中，如果我们能仔细观察身边同事的小动作，那么，我们可以看出其真实的真心。

小白是一个话很多的人，经常逮着机会就与同事大侃起来，也不管对方愿不愿意听。对此，坐在他旁边的小李可就遭殃了，每次小白都会转过身来，兴致勃勃地说些自己碰到的趣事，小李虽说表面不好拒绝，但他总是不安地用笔杆敲打桌面，以此表达自己的意思。小白却是一个马大哈，他不明白小李为什么喜欢敲桌子，不过，他什么也不想，还是自顾自地说话。

有一次，小白碰到了学心理学的朋友。在聊到小动作的时候，小白突然想到了小李，他问道："当一个人总是用笔杆敲打桌面的时候，他心里在想些什么呢？"朋友回答说："这样的小动作，大多表示他对你所讲的话已经感到厌烦了。""啊？"小白恍然大悟，后来，在办公室里，他收敛了自己的个性，不再经常缠着小李说话了。

小白通过向学心理学的朋友询问，发现同事的小动作是想告诉自己：我对你所讲的话并不感兴趣。在我们身边，每个同事都有那么几个常见的小动作，我们可以通过观察对方的一些小动作来发现他们对自己的意见。另外，通过一些心理实验表明，如果你与一个你很讨厌的人在一起，只会出现两种相对的反应：一是太随便，根本不在乎对方的想法；二是太拘谨，看起来无所适从，甚至，不知道该把手放在哪里。而他们表现出来的不同反应，正好可以揣测出同事的真实内心。

下面我们就介绍几种人们常见的小动作。

1. 喜欢用嘴咬住一些物品的人

在办公室，我们经常会发现有的人喜欢用嘴咬眼镜腿、铅笔或者其他一些物品。这一类型的人喜欢我行我素，不喜欢受人管制。他们做出这样的动作，是想掩饰自己恶劣的情绪，不想让别人知道。在这种情况下，你千万不要上前搭话，以免加重其恶劣的情绪。但有时候，这样的小动作也无法克制他内心那种不满情绪，他们的情绪有可能会进一步恶化，有可能在突然之间爆发出来。

2. 习惯用手拢头发的人

有的同事喜欢用指尖拢头发、轻搔面部，或是把食指放在嘴唇上。这一类型的人性格比较开朗、乐观，虽然在面对生活或工作中的困难时也会出现失望、沮丧的心情，但是他们能在最短时间内调整好自己的心态，坦然面对这一切，并致力于寻找解决问题的办法。

如果你的同事在你面前做出这样的小动作，那就表明他对你的谈话没有多大的兴趣，显得有点左顾右盼，漫不经心。他们或许正在思考自己的问题，并且认为你是在打扰他，但他们会碍于情面而不表露出来。

3. 喜欢两手互相摩擦的人

有的人习惯两手不停地摩擦。这一类型的人对自己充满了信心，喜欢挑战自我，并且在成功的路上敢于承担一定的风险。一旦他们决定去做某件事情的时候，就会一直坚持下去，而不会轻易改变主意和行动方向，所以他们在某些时候显得比较固执。而他们通常出现这种情况的时候，就是烦躁不安、心情郁闷的时候。

4. 习惯用手抚摸下巴的人

有的人习惯于用手抚摸下巴或者抓着下巴。做出这样小动作的人大多比较世故圆滑，有较深的城府。他们这样不断地抚摸下巴只是想使自己镇静下来，克制自己内心的不满情绪，以免自己在冲动之下做出什么举动来，同时，他也在思考下一步的对策。

5. 喜欢咬牙切齿

有的人在烦躁不安的时候喜欢咬牙切齿，这一类型的人情绪变化无常，显得很不稳定。他们的心胸不是很宽广，喜欢意气用事，就连理智也无法把握感情。

当你在职场上和同事相处的时候，能够通过对方的一些小动作透析出其心里的真实想法，进而有效地识破对方的心理，那么你在与他相处的时候，就会轻松很多，显得轻松自如，游刃有余。

心理启示

每个人都有心情不好的时候，特别是由于别人造成的情况，他会尤其表现得更突出，从而表现出烦躁不安。这些情绪除了通过面部表情及口头语言表现出来以外，还通过一些小动作显现出来。

通过同事打电话方式识其性格

我们正处在一个科技日新月异的时代，在这样一个信息化的社会，为了快速获取一些重要的信息，越来越快捷的沟通方式已经逐渐被人们所认可，而多种多样的现代化交通工具也层出不穷。在这其中，最快捷、使用率最频繁的就是电话，或许，许多人认为打电话不过是最普通的事情，能看出什么端倪呢？其实，每个人在打电话时的行为、动作都不一样，其中烙上了深深的个性印记。在公司走廊或者办公室里，经常看见同事们煲电话粥，如果你仔细观察，就能从其打电话的方式中看出同事的性格。

电话是一个人对外交流最常用的工具，从电话的接听、挂断等小小动作上，能判断出对方的性格特征。在日常工作中，无论是我们自己，还是身边的同事，接触比较多的就是电话。比如，通用电话与客户联系，或者将工作情况汇报给上司，或者是同事之间互相联系，或者是在角落里偷着打私人电话，等等。在一天的工作里，可以说电话是不离同事的手的。而且，你可以观察一下，每个同事都有自己的一些小动作，比如有的人习惯在走动中接电话，有的人在打电话时习惯性地乱写乱画，有的人习惯不将听筒贴住耳朵，有的人习惯以最自在的姿态打电话，等等。在这些习惯性的动作中，我们可以看出其内在的性格特征，以此达到识破人心的目的。

打电话的方式多种多样，可以说不胜枚举。下面我们就几种常见的方式，逐一剖析同事的性格特征。

1. 打电话时乱写乱画

有的人在打电话时会信手拿一支笔在纸上乱写乱画，而且，他们画写的东西并不是胡乱的，而是包含着一定的东西。虽然，这样的行为看上去很随意，却显露了隐藏在其身上的艺术才华。这样的人有着丰富的想象力，有艺术家的潜质，不过，在很多时候，由于他们的很多想法都不切实际，因此，难以成为艺术家。虽然如此，天性乐观的他们能很快走出失败的阴影。

2. 打电话时喜欢四处走动

有的人打电话从来不会站在同一个地方，他们总是在办公室走来走去，或者绕着电话来回踱步。这样的人不喜欢刻板的工作，追求身心的自由和洒脱。如果有两份不一样的工作摆在他面前，他们宁愿放弃高薪工作。在他们看来，在一个相对自由的环境中，才能好好工作，也才能将自己的能力发挥到极致。他们有着强烈的好奇心，无法面对单调枯燥的工作，那些新鲜的东西却总能激发他们浓厚的兴趣。

3. 打电话时喜欢诉苦

有的人平时不怎么打电话，但只要是打电话就会向他人诉说自己的苦闷。这样的人大多是女性，在工作中有了压力或者遇到了难题，她们就会躲到一个僻静的地方，打电话向朋友诉苦。她们个性比较乐观，坦率，心中有了事情就说，不喜欢藏着掖着。有时候，由于承受不了压力而向朋友诉苦，在她们看来，这是一种解脱压力的有效办法。

4. 打电话时喜欢煲电话粥

有的人一打电话就是几个小时，哪怕在工作的空隙间，他们也能侃上半个小时。这样的人时常感到忧郁和压抑，急切希望找个对象倾诉一下。他们喜欢争强好胜，在打电话的时候，不管对方喜不喜欢听，总是没完没了，是属于那种不达目的不罢休的人。

5. 打电话时没有任何习惯

有的人在打电话时没有什么特殊的习惯，一切都是很自然的。其实，这样的人并不是性格不明显或没有性格的人。他们有着较强的自信心，对自己的生活与工作应付自如。如果树立了远大的志向，能够实现自己的梦想。生性善良，能够谅解他人，在他人有困难时也能大方给予帮助，是一个值得结交的朋友。

6. 打电话时喜欢玩弄电话线

有的人在打电话的时候，双手总是不闲着，玩弄着电话线。这样的人喜欢幻想，对于生活和工作有着美好的憧憬。他们个性倔强，多愁善感，常常令身边的人小心翼翼。不过，做出这样动作的应该是女性，男性很少用这样的方式打电话。

心理启示

打电话，看似一件最普通不过的事情，其中却隐藏了一些秘密。另外，使用电话的交流，与面对面的沟通大相径庭，人们逐渐养成了一些特定的行为与习惯。而这些行为或习惯正是一个人性格的反映，他们不经意间流露出来的东西，恰恰能展现具有什么样的性格。

下属信件处理方式透露其工作态度

当今社会是一个信息社会，在办公室里，员工已经习惯了每天上网浏览新闻，查看自己的电子邮箱，而不同的人有不同的信件处理方式。如果你能在日常工作中，观察到员工处理信件的方式，那么，就可以了解到他们的工作态度。一般来说，下属有这样几种不同的处理信件的方式：有的下属会让信将邮箱塞得满满的，很少删除信件；有的下属很少查看信件；有的下属会仔细阅读每一封来信，并立即回信；有的下属只看朋友寄来的信件，其他的全部删除。他们处理信件的不同方式，其实就是其工作态度的浓缩，只要我们掌握了这样的识别能力，就能够识破下属心理，达到成功驾驭下属的目的。

早上，张经理巡视下属办公室的时候，发现员工小李正在查看邮箱，他想到了昨晚读过的一本书《瞬间读懂你身边的人》，那里有一篇关于“信件处理方式，透露下属的工作态度”。想到这里，张经理就故意在附近徘徊，想看看小李是怎样处理信件的。他发现小李将一封封信件打开，阅读，然后一封封地回信。

张经理将这一处理信件的方式与书上所讲一一对照了，原来，小李是一个整天喜欢在办公室里散播八卦的员工。为了证实书中的观点，张经理一有空就来办公室，果然，自己脚步还没踏进办公室，就听到了小李的声音："你们说张柏芝和谢霆锋会离婚吗？我觉得这事是板凳上的铁钉——钉下了。"办公室的人都笑了起来，有人说："小李，如果你将关注娱乐八卦的精力放到工作上来，我看你早就升职了。"话刚说完，张经理就走了进来，他面露不悦，没想到，小李表面上看工作很踏实，工作中的态度却这样差。

小李处理信件的方式很认真，但是，其工作态度却不那么认真。似乎，他所关注的都是八卦新闻，研究办公室上司的行为，在做这些事情的时候，就像是看那些连续剧一样，兴趣十足。由于将太多的精力放在了看信件、回信件的事情上，自然也就没有多少精力来工作。

下面，我们就针对下属几种常见的处理信件的方式，来洞悉下属的工作态度。

1. 让信箱塞得满满的，很少删信

有的下属将信箱塞得满满的，很少删除信件，不过，他的注意力也并未放在处理信件的事情上，而是放在工作上。这样的下属工作态度认真，对于上司交代的工作能够很好地完成，从来都是说一不二。在工作中，他比较专注，专心到不会关心办公室里的钩心斗角，他一直持着"眼不见为净"的态度，自己不要去了解，没看见就等于没发生。他一直生活在自己的小世界里，同事之间的争斗完全跟他无关，他只是做好自己的分内工作，算是一个尽职尽责的好员工。

2. 很少看信

有的下属很少看信，对收到的信件中写了什么似乎并不感兴趣，也丝毫不关心。由于工作的需要，他有了信箱，却又不去查看信件。这样的下属工作态度比较懈怠，把大多时间都用到了打听办公室的人事斗争，他害怕竞争，同时，又担心自己被淘汰。他之所以放下工作去打听那些钩心斗角的事情，是不想自己无缘无故成为他人的箭靶。而且，他整天的心思都在琢磨谁能胜利，谁会失败，根本不把心思放在工作上。

3. 仔细阅读每一封来信，并立即回信

有的下属会仔细阅读每一封来信，并立即回信，就连信件中的促销广告，笑话或警告信，他都不会放过，每封信件必会认真阅读。这样的下属工作态度很差，他的大部分时间都用来研究信件、八卦新闻，这样的人在办公室很活跃，话很多，基本上，办公室里的流言蜚语大多都是他传出来的。在工作的时候，他会把办公室斗争当成八卦来研究，似乎像在看电视剧一样。

4. 只看朋友寄来的信，其他全部删除

有的下属只会看朋友寄来的信件，其他的则全部删除。这样的下属工作态度比较认真，而且，很重情义。他会感激上司对自己的照顾，善于欣赏同事的做人做事。遇到工作上不懂的事情，他会虚心向上司或同事请教，致力于把工作认真完成，这样的下属也是上司赞赏的对象。

心理启示

每个人处理信件的方式都是不一样的，虽说这只是一件小事，但是我们依然可以通过下属在处理这件事情时所表现的态度而推算其平时的工作状态。毕竟，事不分大小，往往小事情更能体现出一个人的态度问题。

第08章

表情心理——知人知面不知心

表情是人类的另一种交流方式，可以说比语言更真实、更准确。而且，人类的几种基本情绪与其所表现的表情之间存在着紧密的联系。假如可以通过对职场周围人的表情进行分析，体会其表情背后的情绪，那在某种程度上就可以了解对方内心的真实想法。

如何体会领导眼神的特别意味

我们常说："眼睛是心灵的窗户。"在职场与官场中，识别一种无声语言更重要，那就是领导的眼神。在日常工作中，领导与下属之间的眼神交流，更能无声地传达出彼此之间的关系如何、默契如何。心理学家认为，眼睛是心灵的窗户，眼神则能传达一个人的心理，比如，一个人在表达反感或仇恨的时候，其瞳孔会缩小，会透露出刺人的目光；反之，一个人对某件事情怀有极大的兴趣，则会睁大眼睛，以此表示赞同和好感。作为下属，要想轻松倾听领导说话，就要学会用眼睛观察上司的眼神。即使是高高在上的领导，他们也有平常人的喜怒哀乐，他们眼神中所传达的意思不可能与平常人相差得太远，只不过，由于身份或地位不同，领导对下属的眼神会有一些特别的含义，作为下属，则应该学会在倾听中看领导的眼神，从而轻松地领会领导的言外之意。

年底，由于业务量很大，职员们的工作十分紧张，小瑞也投入到了紧张的工作中。

有一天早上，老总突然召集大家开会。办公室里，老总对每一个进门的人都点头示意，唯独小瑞进门的时候，老总却将头扭了过去。小瑞暗叫不妙，心想老总对我有成见了。

果然，会议上，老总提出了一两个问题之后，就保持沉默，弄得大家都紧张兮兮的。半个小时后，老总才目光尖锐地扫视全场，说道："我对我们的员工提出严厉批评，你们知道吗？你们昨天的品牌策划书竟连人家公司的名字都写错了，今天对方发传真过来了，说对我们的能力表示怀疑。"小瑞一下子明白了，老总所说的员工就是自己，因为那份策划书是自己写的。

眼神中除了能看出领导与下属，权力与依赖的关系之外，还能揭示出更多的东西。领导在说话的时候，眼神不看你，这可是一个坏迹象。他看都不看你一眼，目的就是想用不重视来惩罚你，说明他不想评价你。

周一早上，张总来到办公室，发现办公桌和窗户布满了灰尘，他赶紧叫来秘书小王，吩咐道：“今天清洁阿姨还没来打扫吗？办公室怎么脏成这样子，你赶紧打扫打扫，一会儿我还得接待重要客户呢。”小王急忙去卫生间拿了抹布，打算将办公桌和窗户擦一遍。

没想到，窗户只擦了一半，张总已经带着客户进来了。张总对小王说：“你一会儿再来打扫吧。”说完，用眼神示意小王先出去。小王心领神会，张总的意思是让自己回避，虽然还只剩下一点点没擦净，但小王还是点点头，收拾好东西出去了。

如果这时小王执意说：“我马上就擦完了。”那肯定会惹张总不耐烦。

在工作中，与领导沟通，与领导保持眼神接触，并对其眼神进行解读是很有必要的。从生物学上看，眼睛是大脑露在外面的器官，它与其周围的脸部是身体最具有沟通能力的部分。而眼神是运用眼睛的神态来表达情感、传递信息的无声语言。在面部表情中，它是最具生动、最复杂的表情。

领导的眼神加上语言表达，有可能所表达的却是另外一种意思。比如，领导经常会说“你看着办”，这时如果你仔细观察他的眼神，你会发现，这句话根本不简单。如果领导是以喜悦的眼神，言外之意就是“你的想法不错，看情况自己把握就行了”；如果领导是愤怒的眼神，言外之意就是“上次的事情就没办好，这次可不要马虎大意，按照我的要求去办”；如果领导是悲哀的眼神，言外之意就是“反正没什么希望了，你想怎么办就怎么办吧”。

1. 眨眼睛

通常来说，如果领导友好地看着你，甚至不时地眨眨眼睛，那表示他对你这次的工作评价较高，或许请求你原谅他的过错。

2. 上下打量你

领导在说话的时候，从上到下打量你，则表明他占据优势地位，拥有着支配的权力；如果领导用锐利的眼光盯着你，那表示他内心并不相信你，希望你能说真话。

3. 目光看向别处

领导一边说话，而目光却看向其他地方，那表示他不想与你交谈下去，想尽早结束谈话。如果领导闭上眼睛或者根本不看你，那有两种可能：一是他不想评价你，想用不重视你来惩罚你；二是他对此感到心烦或厌倦。

心理启示

一般而言，在面对面的沟通中，眼神接触通常占全部时间的50%~75%，它的作用不亚于声音。因此，身处职场与官场的我们，必须在倾听领导说话时领会其眼神的含义，从而解读出领导的言外之意。

察言观色，洞悉上司情绪心理

一个人的表情神态是人性的一面镜子，更是心理的一种反映。领导在说话时有可能是面带微笑、和蔼可亲，也可能是冷若冰霜、一脸严肃，不同的表情反映出领导不同的心理活动。我们常说的“察言观色”，也就是透过对方的言语，观察说话者的脸色，获悉对方心里隐藏的真实想法。人类的心理活动可以说非常微妙，但这种微妙经常会从表情神态中流露出来。若是遇到高兴的事情，脸颊的肌肉会松弛，一旦遇到悲哀的状况，也自然会泪流满面。但是，也有许多人不愿意将自己内心的秘密让别人看出来，这时如果我们还是单从表面上看，就有可能会出现判断失误的现象。

有时在洽谈会上，对方笑嘻嘻的完全是一副很满意的表情，让人很安心地觉得交涉成功了，“我明白了，你说得很有道理，这次我一定考虑考虑。”但结果却是以失败告终，因此我们不能仅仅以说话者表明的神态神色来揣测其真实的心理。

有一位推销图书的业务员谈过这样一个经验：当他拿着一本图书的样本向一位客户推销的时候，会趁机仔细观察那位客户的面部表情。这时候他选择坐在客户的身边，因为坐在客户的身边容易看清客户脸上肌肉的变化，当客户翻阅样本的时候，通常在他的脸上就流露出买或不买的决断了。客户的表情或许不怎么明确，但是经过长时间的琢磨，却非常有趣，因此有经验的推销员往往一眼就能看清对方内心的秘密。

可见，表情也能反映一个人内心的感情。当我们倾听领导说话的时候，要善于捕捉领导面部表情的细微变化，并透过这些细小的变化来倾听其隐藏在内心深处的想法。或者是他的一个笑容，或者是面无表情，或者是嘴型，或者是一个不经意的皱眉。

清朝时，一位新上任的县令，初次去拜见领导，想不出该说什么话。沉默了一会儿，忽然问道："大人尊姓？"这位领导很吃惊，勉强说了姓某。县令低头想了很久，说："大人的姓，百家姓中所没有。"领导更加惊异，说："我是旗人，贵县不知道吗？"县令又站起来，说："大人在哪一旗？"领导说："正红旗。"县令说："正黄旗最好，大人怎么不在正黄旗呢？"领导勃然大怒，问："贵县是哪一省的人？"县令说："广西。"领导说："广东最好，你为什么不在广东？"县令吃了一惊，这才发现领导满脸怒气，赶快走了出去。不久，这位县令便被借故免职了。

我们从这里不难发现，正是这位县令不会察言观色，口无遮拦，才会引得领导发脾气，自己也被免职了。案例中，县令第一次询问"大人尊姓"的时候，领导就面露吃惊的神色，意思是"作为下属，怎么能直接问这样的问题呢？"紧接着，因县令不懂得"观色"继续发问，领导的神情由"惊讶"变为"愤怒"，自然而然，县令也为自己的鲁莽行为而付出了代价。

如果我们注意观察，会发现领导在不同场合说话，笑容也是不同的。领导对下属说话会轻笑，露出上牙，嘴唇稍微裂开，就好像在跟一个朋友打招呼的样子；领导在赢得功绩时会大笑，上下门牙全都露出来，并且发出爽朗的笑声，这表示他的心情非常激动；在谈判时说话会皮笑肉不笑，这样的笑容并不是发自内心的，而是做出来的，表示正在思考计策，而这样的领导做事也很沉稳。

领导言谈之间的秘密原来就隐藏在表情神色之间，比如，领导在说话时若是眼睛瞪得非常大，鼻孔也会显出皱纹来，或者在脸上有抽搐的现象，这表示他正强压内心的怒火。当领导表达震惊的情感时，他们的嘴会不自觉地张开，下颚的肌肉往往很放松，并且向下垂。如果领导者对某件事情产生了浓厚的兴趣，往往会张开嘴巴，眼角下的面部肌肉会松弛；如果领导在说话时不经意皱眉，那表示他对正在说的计划并不满意，而是在极力思考出更恰当的计划。

心理启示

在日常工作中，我们经常会遭遇“面无表情”的领导，无论自己说了什么，做了什么，他都没有特别的表情。实际上没有表情不等于没有感情，因为一个人的心理活动若是不呈现在面部上，那就显得极不自然。换句话说，越是“面无表情”的领导者，其心理活动越可能处于活跃期。

表情是人们内心活动的一面镜子

表情是反映一个人内心活动的一面镜子，所以，我们说表情背后的秘密往往隐藏在人的内心，正因为如此，只要我们剖析了一个人的表情，那就可以顺着对方的表情窥测出其内心的活动。即便是不同种族，不同国籍的人，他们有一个共同点：拥有快乐、悲哀、静穆和狂怒等复杂、丰富的表情。而通过这些表情，我们完全可以看出一个人的精神生活和内心变化，所以，我们说人的表情是其灵魂的一面镜子。在这个充满谎言的世界里，人的面部表情比语言、行为显得更加真实、更加直接。在转瞬即逝的微表情里，实际上隐藏着人真实的行为心理感受。

当我们在“阅读”一张脸时，不经意会发现隐藏在表情里的非常多的信息，其中还包括了脸部的基本结构和肌肉特性：你所看见的这张脸长且棱角分明，还是又圆又胖？一般情况下，当我们在生活中看到一张陌生的面孔之后，往往会翻开自己的名片夹，从之前认识的人中寻找出他们相同的地方。与此同时，我们会根据对方的眼镜、化妆、文身或穿孔等人为装饰作出自己的判断。

这是一场招聘会，面试官问：“如果用一种水果来形容自己，你觉得哪种最合适？”“请说出矿泉水瓶子的三种用途。”“如果让你帮姚明挑选设计他在美国的厨房，你会如何设计？”“你觉得专业和兴趣应该怎样跟社会实践相结合？”

面对面试官的步步逼问，场上的几位面试者表情迥异，有的开始挠头，有的开始紧抿嘴唇，有的眼睛盯着天花板。

30秒的思考时间过去了，几位面试者开始回答问题。挠头的那位说话支支吾吾，他回答说自己像西瓜，但半天也说不出自己为什么像西瓜：“我感觉我的内心不够坚强，就像西瓜，虽然外皮比较硬，但里面其实很柔软。”抿嘴唇的那位反复强调在实践中完善自己的专业知识，却说不清两者是怎样结合的。

为什么说微表情隐藏着人们最真实的心理呢？

微表情，几乎是一闪而过，一般甚至清醒地展现表情的人和观察者都察觉不到这细微的变化。在表情实验里，只有百分之十的人才能察觉到，这将意味着，相比较人们有意识做出的表情，微表情更直接地体现人们真实的感受和心理动机。尽管，我们常常会忽略微表情，不过，人们的大脑依然会受影响，改变对别人表情的理解。

此外，微表情作为心理应激微反应的一部分，从人类的本能出发，无法伪装。即便人们平时很努力地掩饰自己的真实感受，强颜欢笑，也只在出现的第一瞬间的微表情之后，才能表现出自己想要表达的表情。因此，微表情是了解一个人内心真实想法的最准确的途径。

下面，我们列举几种常见的表情器官，这其中的表情，你是否可以辨别呢？

1. 眼睛

眼睛是心灵的窗户，可以最直接、最完整、最深刻、最丰富地展现出一个人的精神状态和内心活动，可以冲破习俗的约束，进行心灵之间的交流。无疑，眼睛是情感的第一个自发表达者，通过眼睛，可以看出一个人是欢乐还是悲伤，是烦闷还是高兴，是讨厌还是欣喜。同时，我们还可以从眼睛中判断出一个人是否在说谎，是诚恳还是虚伪。比如，正视他人，这表示其内心是坦诚的；眼神躲躲闪闪，这表示其很心虚。

眼睛的瞳孔可以反映一个人的心理变化：当人们看到自己喜欢的东西时，瞳孔会不自觉地放大；而看到自己厌恶的东西时，瞳孔则会缩小。

2. 眉毛

别看眉毛好像没什么表情，其实它也隐藏着不少的秘密。眉毛之间的肌肉皱纹可以表达人的情感变化。比如，柳眉竖立表示这个人在生气，横眉冷对则表示他对你有敌意，挤眉弄眼表示戏谑，低眉顺眼则表示顺从，扬眉表示心中的畅快，眉头舒展表示一切问题都解决了，眉梢有喜表示愉悦的心情。

3. 嘴巴

嘴部的表情主要体现在口型变化上。比如，伤心时嘴角会下撇，高兴时嘴角会提升，委屈时会噘起嘴巴，惊讶时会张口结舌，生气时会咬牙切齿，强忍痛苦时会咬住下唇。

4. 鼻子

鼻子也有表情显现的，比如心情烦闷时会耸起鼻子，轻蔑时会嗤之以鼻，生气时鼻孔会扩大，鼻翕抖动；紧张时鼻孔会不自觉地收缩，鼻息也会收敛起来。

5. 面部

面部表情是最为丰富的，我们就简单列举几个。比如，肌肉松弛表示心情愉快、轻松，肌肉紧张则表示内心痛苦。

在美剧《Lie to me》中，莱特曼博士有这样一句台词：“你刚才双手抱胸同时后退，这是一种下意识的退缩和躲闪，你在说谎！”在剧中，他一次次通过微表情洞悉他人的心理，从而揭露出罪犯最真实的心理活动。

心理启示

可以说，人的表情表现出成千上万、不计其数而十分微妙的表情，而且表情变化非常迅速、敏捷和细致，可以真实、准确地反映一个人的情感以及心理活动。在对方未开口之前，你就可以通过其表情得到一些信息，对其情绪、性格、态度等有所了解。俗话说：“看人先看脸。”在这里，脸面不仅仅指的是人的长相，主要是指表情。

面相即为心相，透过神态识心理

神态表情，大多指一个人面部所呈现出来的具体形态。表情，也就是人通过面部形态变化所表达的内心思想感情；神态，也就是人的面部所表现出来的神情态度。通常情况下，这两者是相通的，神态表情，其实主要是指人在脸上所呈现出来的态度变化。

从心理学上说，每个人的神态表情都反映着其相对的心理状态。比如，一个身体健康、心情愉悦的人，他的神态表情为红光满面、神采奕奕；相反，苦恼忧愁的人通常会愁云密布、眉头紧锁。其实，面相即为心相，一个人所自然表现出来的神态表情就是其心理。

《红楼梦》里，湘云给袭人带来绛纹戒指，黛玉笑她在前日没有让人把袭人的一同带来，“是个糊涂人”。湘云做了一番分辩。这时，宝玉、黛玉、宝钗几个人都笑了。宝玉笑道：“还是这么会说话，不让人。”黛玉听了，冷笑道：“她不会说话，就不佩戴‘金麒麟’了！”一面说，一面起身走了。幸而诸人都不曾听见，只有宝钗抿着嘴儿一笑。宝玉听见了，倒自己后悔又说错了话；忽见宝钗一笑，由不得也一笑。宝钗见宝玉笑了，忙起身走开，找了黛玉说笑去。

虽然大家都在笑，但却由于每个人的心理不一样，最后他们所表现出来的“笑”这个神态语言也是千差万别。宝玉笑得很亲热，给人一种亲切的感觉，因为他习惯了与湘云开玩笑；黛玉的笑是妒忌的“笑”，她担心宝玉会因为金麒麟与自己生隙，顿生妒忌之情，而且这样的心理影响到了宝玉，“宝玉听见了，倒后悔自己又说错了话”；宝钗则是幸灾乐祸的“笑”，后来宝玉见宝钗笑了，也自我解嘲地“笑”了。宝钗见宝玉笑了，却又忙着走开，找黛玉“说笑”了，这里的“笑”是为了掩饰自己与宝玉的相视而笑。

人们常说：“六月的天，孩子的脸——说变就变。”其实，孩子们的脸看似变化迅速，不过，和成年人的面部表情变化相比起来，那就逊色多了。而且，这两者是不同的：孩子脸上的变化是显著的、简单的；而成年人的面部表情变化却是微妙的、复杂的。一个人的面部表情是十分丰富的，这和一个人的内心世界有着极为丰富且直接的关系。一个人的面部表情，所表现的是一个人内心的真情实感。

小周的同学明天结婚，她打算去找领导请假。进了门之后，小周发现领导正对着一张纸发愣，眉头锁在了一起。小周怯生生地走过去，把同学的大红请柬放到领导桌子上，说明了来意。

没想到，领导看了看，说了句：“单位这么忙，哪有时间老掺和这个？”说完，就继续低头看东西了。

小周一脸郁闷地走出了办公室，以前自己请过几次假，领导都没有这样过啊，怎么回事呢？过了几天，她才知道，因为领导有外遇，老婆找上门来，给领导扔下一张离婚协议书，逼着他签字呢！小周正巧拿着结婚请柬去，不是自讨没趣吗？

如果小周能通过领导表情，识别其心理，那她就可以暂且不说自己请假的事情，那自然就给了自己一个伸缩自如的空间，而不是碰得一鼻子的灰。

下面，我们列举两种常见的神态表情：

1. 目光

泰戈尔曾说："一旦学会了眼睛的语言，表情的变化将是无穷无尽的。"眼睛是心灵之窗，它可以如实地反映出人的喜怒哀乐。而由眼睛所表现出来的目光则是一种直接的神态表情，可以说，目光是富有表现力的一种"语言"，适当的运用能给交往带来好处。

2. 笑容

笑容，也就是人们在微笑时的神态。笑容的核心在于笑，也就是人的面部要呈现出愉快、欢乐的神情。笑主要是愉快、欢乐为首要特征，当然，笑容有很多种，比如微笑、欢笑、狂笑、苦笑、奸笑、傻笑、冷笑等。不同的笑容，反映了人们不同的心理状态。

罗兰曾说："面部表情是多少世纪培养成功的语言，是比嘴里讲的要复杂千百倍的语言。"确实，人类是生物界的宠儿，其表情简直可以说是变化多端，不可胜数。即便如此，神态表情却是有共性的，它超越了地域文化的界限，可以成为一种人类的世界性"语言"，在世界上，神态表情是可以通用的。

在生活中，神态表情是作为传情达意的一种重要沟通方式，它指的是通过眼神、动作、面部表情等来表达内心思想的一种非语言形式。神态表情不仅仅彰显着自己的喜恶，更为重要的是，通过自己一颦一蹙的变化展现自己的内心世界。

心理启示

在现实生活中，不同性格、身份、经历的人，他们会有表现出不同的神态表情。当然，单纯的神态表情并不能完成一次沟通，它必须根据事件、环境、心境的状态下才能恰如其分地表现出来。

细微表情背后的言外之意

在美剧《别对我撒谎》中，主人公卡尔用令人意想不到的方法轻松破案，在一个小故事中，没有逼供，没有物证，只是和爆炸案嫌疑人聊了一会儿，捕捉到了对方耸肩、吸鼻子等几个转瞬即逝的表情、动作，便以此为线索找出了爆炸物的安置点，这样的识别无疑让人目瞪口呆。

或许，有人会疑惑：他凭什么线索破案呢？其实，答案很简单：微表情。即便表情是可以伪装的，但一闪即逝的微表情却是异常真实的。善于识别人心的人，他们往往是利用脸部细微表情动作分析观察者的肢体语言和微表情，依据这些判断揣测对方言语背后的真正意思，然后判断对方是否在撒谎。

毕加索和勃拉克都是伟大的艺术家，也是形影不离的好朋友。有一天，勃拉克很沮丧，他把一幅画作坏了，有不少人对那幅画的评价都不好。勃拉克自言自语道："真想把这幅画毁掉。""别，别毁了它。"毕加索眯着眼睛，在那幅画前踱来踱去，并不停地赞叹："这幅画真是太棒了！"勃拉克开始有点将信将疑："真的吗？"毕竟是朋友，又是个行家，毕加索的话让勃拉克动摇了。"当然，你把它送给我，我拿我的作品与你换，如何？"毕加索很肯定地说，最后，毕加索换回了那幅画。

几天后，一些朋友去勃拉克的画室，他们看到了毕加索的那幅画挂在勃拉克画室最显眼的位置。勃拉克满脸微笑，感动地说："这是毕加索的作品。他送我的，真是美极了！"这些朋友也去了毕加索的画室，他们诧异地看见勃拉克的"杰作"与毕加索的名作并排而挂。毕加索嘴角一侧抬起，满脸不屑地介绍："你们看看，这就是勃拉克画的东西。"

在这个案例中，我们来观察毕加索的表情"眯着眼睛，在那幅画面前踱来踱去""嘴角一侧抬起，满脸不屑"，从中都可以看出他语言是否是真实的内心反映。由于勃拉克没能辨别出毕加索细微的表情，因此才使自己的画遭到了毕加索的嘲笑。

一个人所拥有的许多表情，其实是有生物学基础的。比如，大脑中的杏仁核区域控制着人的害怕情绪表情，当一个人受到威胁的时候，杏仁核区就会传递信息，人就会做出恐惧的表情，这就是自然的反应。但在很多时候，人的表情是可以伪装的，也就是说，某些表情是故意装出来的。在这方面，如果你经常看电视就可以见识到演员的演技了。在电视剧中，明明知道他们所扮演的是一个虚拟的角色，这样的角色只存在大屏幕上，但那些演技颇高的演员却以生动的表情迷惑了观众，当悲情剧上演的时候，台下尽是观众对哭泣声。对此，我们不得不佩服演员的深厚功底，同时，也不得不承认，神态表情是具有伪装性的。

如果我们在百度上搜索微笑的表情，那一定会出现奥黛丽·赫本的经典笑容，那是一张端庄微笑的照片。然而，对于这样的微笑，却有微表情学者说："这就是典型的假笑，是为了摆造型做出来的笑。"同时，他说道："还有当人的脸部表情两边不对称的时候，表现出来的感情可能是装出来的。如果先突然大声说话，然后再用手猛拍桌子，这是对可怕事情反应的手势时间差。假如是真的发火，那这两个动作应该是同时进行。"

原来，笑容也是可以伪装的。当我们在识别笑容的真伪时，最重要的是看鱼尾纹肌，不论是小孩还是老人，在真笑时，都会咧开嘴，嘴角向上，鱼尾纹肌是皱在一起的。不管是否有鱼尾纹，鱼尾纹肌都是一样的，而假笑时，嘴部的表情是一样，但鱼尾纹肌是没有什么变化的。

那么，在生活中，如何才能捕捉到细微表情呢？

1. 察言观色

你可以通过察言观色来判断对方说的话是否是真的，有可能是一个细微的动作，有可能是一个眼神，有可能是一个笑容。那些在他脸上、身上表现出来的表情或动作，都在随时地告诉我们他内心究竟在想什么。

2. 观察对方表情是否前后一致

微表情是一种非常快速的表情，持续时间仅仅为1/25~1/5秒，正因为这样，大多数人往往不容易察觉到它的存在。但是，如果我们观察够仔细，还是能够从表情的变化之间搜索到一些细微的差别。比如，当一个人在咬紧双唇，沉默的时候，如果你仔细观察，会发现他紧握拳头，这表示他内心是极其愤怒的，但却强忍住。如果在这时，他说：“我没生气。”其实，这句话也是假的。

心理启示

微表情学者认为，在与人交往中，有90%的非语言信息来自面部，眼、眉、嘴、面部肌肉的细微变化，都会传递出不同的信息。在这其中，眼睛集中了面部表情的大部分信息，从眼神中有时可以判断出一个人是坦诚还是心绪，是诚恳还是伪善；而眼睛的瞳孔扩大，表示其内心的兴奋，瞳孔缩小，则表示内心十分厌恶。

自然态表情透露一个人的真实心理

法国生理学家科瑞尔曾说：“我们会见到许多陌生的面孔，这些面孔反映出了人们的心理状态，而且随着年龄的增长，反映得将越来越清楚，脸就像一台展示我们人的感情、欲望、希冀等一切内心活动的显示器。”每个人都有自己特别的一张脸，在这张脸中隐藏着各种各样的表情，即使对方所表现的是最自然的神态，也可以窥探出其内心的几分真性情。细微表情是情绪的外部表现，这是由躯体神经系统支配的骨骼肌运动，是感情活动的外显行为，它所反映的是一个人的心理。

在所有的生物中，人的表情算是最丰富、也是最复杂的。据统计，人们的脸部能做出的表情多达25万种，恰恰是如此丰富的表情使得人们之间的交往变得复杂而细腻。在生活中，我们常常发现人们脸上的表情与其内心的情绪恰好相反，这是为什么呢？其实，这是人们在潜意识里不愿意让对方看出自己心理的变化，他们会用看上去比较自然的表情来阻止自己内心情绪的外泄，以此来隐瞒自己的真性情。那么，我们是不是就不能窥破对方的真实心理呢？当然不是，狄德罗在《绘画论》中说道："一个人，他心灵的每一个活动都表现在他的脸上，刻画得很清晰、很明显。"

梁惠王雄心勃勃，广纳天下贤才。有大臣多次向他推荐了淳于髡，因此，梁惠王频频召见了那位颇具才干的淳于髡，而且，每一次都屏退左右与他倾心交谈。但召见了两次，淳于髡都沉默不语，弄得梁惠王很尴尬。

事后，梁惠王责问大臣："你说淳于髡有管仲、晏婴的才能，我怎么没看出来，他只是沉默不语，我看你是言过其实。"大臣以此话问淳于髡，淳于髡只是笑了笑，回答说："确实如此，前两次我都沉默不语，但我不是故意的，而是另有原因。我也很想和梁惠王倾心交谈，但第一次，梁惠王脸上有驱驰之色，想着驱驰奔跑一类的娱乐之事，所以我就没说话；第二次，我见他脸上有享乐之色，是想着声色一类的娱乐之事，所以我也没有说话。"

大臣将此话告诉了梁惠王，梁惠王回忆了当时的情景，果然不出淳于髡所言。这时，梁惠王不禁佩服淳于髡的识人之能，也终于相信了大臣所言，开始重用淳于髡。

在这个典故中，淳于髡正是利用了梁惠王流露出来的细微表情，洞悉了其心理的真实想法，也是因为如此而赢得了梁惠王的尊重和信赖。由此可见，观其脸必先观其表情矣，在与人交往的过程中，不要错过对方脸上闪烁的细微表情，抓住它，你才有可能看清其真实性情。

一个人的神态的外显通常被认为是"自然流露"，意思是指有所见或有所感而发，发自内心的自然本真，显示出的神态举止自然而然，但其中也隐藏了不少真性情，你若仔细观察，必会窥探出不少秘密。比如，项羽和项籍看见秦始皇游览会稽郡渡浙江的时候，项羽脱口而出："彼可取而代也。"吓得叔叔项梁急忙捂住他的嘴，这表明项羽心直口快，而汉高祖刘邦在见到秦始皇的时候，则说的是"大丈夫当如是也"，两人截然不同的神态，表明了两人不同的心性。

那么，如何从那些看起来很自然的表情中捕捉他人心中的真实想法呢？

1. 面无表情者

有的人自作聪明地认为“面无表情”就是最自然的神态，其实不然。在日常交际中，许多人会“面无表情”地谈话、交流，轻易不肯说出自己的真实想法。其实，他们真实的内心不外乎三种想法：一是敢怒不敢言；二是漠不关心；三是根本没有放在心里。当然，也有可能结果恰好相反，只是对方不愿意让你看出来而已。

2. 皮笑肉不笑

在生活中，许多人经常会以虚假的笑容来迷惑他人，尤其是那些奸诈的小人，他们不愿意表露自己真实的想法，常常以皮笑肉不笑示人。其实，这时他们内心的想法恰恰是与脸部表情相反的，可能很愤怒，可能只是想敷衍你，可能只是想亲近你，但其内心其实一点想亲近你的意思都没有。

3. 洞悉对手急躁、不耐烦的表情

人们在生活中学会了许多方法来掩饰自己的内心，当然，他们也知道在什么样的情况该掩饰什么样的表情。比如，在商业会谈的时候，有的人总是显得急躁、不耐烦，眉毛时常跳动，这时，他们有可能没有诚心跟你合作，只想趁早了事，还有一种可能就是他们只是想早点结束生意而去参加公司的晚会。

心理启示

我们可以说，表情是无声的语言，人们在与人相处的时候，即使他想掩饰自己内心的真实想法，但还是会下意识地从细微表情中表达出自己的情绪。对此，在与人接触的时候，我们需要仔细观察对方的神态，从细微表情中把握对方真实的想法。

第09章

心理测试——你的职场生存能力有多强

身处职场，你的生存能力有多强呢？职场生存能力，其来源不仅在于工作经验，还在于你的性格、心态以及沟通能力。良好的职场生存能力会使你如虎添翼，有效地展示自己的工作才能。

测试你的情绪值

一个人在生气时能产生多少能量呢？有人戏谑地对女人的生气作了一个形象比喻："普通的怒火能使三支蜡烛燃烧，最厉害的怒火能让一辆汽车发动。"或许，我们会觉得这样的形容比较夸张，但是，事实上，生气所形成的能量的确是惊人的。心理学家向我们建议，在现实生活中，生气并不是一件坏事，学会生气却又不伤身才是聪明人的做法。同时，心理学家把那些喜欢生气的人所产生的能量称为"生气指数"，每个人都有自己的一份生气指数，可能，有人不怎么喜欢生气，有人却常常生气，那么，他们的情绪情商都是有差别的，如何来了解自己的"生气指数"呢？

美国心理学家的研究结果表明，一个人若是不愿意宣泄自己不满情绪或喜欢抑制自己的愤怒，这样，他们很容易在抑制愤怒的过程中缩短自己的寿命。事实上，不仅抑制自己的愤怒会缩短自己的寿命，而且常常生气也会使一个人缩短寿命。另外，心理学家通过研究表明，那些所谓的长寿者基本上都属于"温和"的类型，他们的生气指数偏低。生气对一个人的身心健康都是有着不利的影响的，一方面，生气不利于心脏的健康；另一方面，生气还会影响免疫系统的正常工作，有可能会引起大脑内激素的变化。因此，我们需要清楚地了解自己的"生气指数"，努力控制自己的情绪，使自己成为一个高情商的人。

世界首府哈佛大学曾帮助学生做了这样一个"生气指数"的测试，下面就是一份哈佛大学当时的测试卷。一共 16 道题，前面 15 道题，若答"是"就得 1 分，反之不得分；第 16 道题答"否"得 1 分，反之不得分，你可以通过这样的测试，来了解自己的"生气指数"。

（1）有时候我想骂人。

（2）有时候我想摔东西。

（3）我经常对自己的愤怒和抱怨莫名其妙。

（4）有时候我想对别人实施武力。

（5）我很容易对别人不耐烦。

（6）别人常说我脾气不好。

（7）排队时看到有人插队，我会忍不住提醒他。

（8）对于态度粗鲁或烦我的人，我将以牙还牙。

（9）我常对自己的易怒和抱怨后悔不已。

（10）有人催我，我会生气。

（11）我很死板。

（12）有时候我太生气，太伤心，真不知自己会做出什么。

（13）我喝酒时曾摔过家具或碗碟。

（14）有时别人气得我简直要爆炸。

（15）我曾因生气同他人进行过武力较量。

（16）我几乎从未失控过。

结果分析：

0～1分：脾气温和，基本不会有因生气导致心脏病的危险；

2～4分：中等，因生气导致心脏病的危险系数是温和人群的2．7倍；

5分以上：暴躁，因生气导致心脏病的危险系数是温和人群的3．5倍。

曾经，有一篇科学报告中说了这样一段话："一个人在生气时的分泌物可以毒死一只老鼠；如果一个人生气5分钟，所消耗的体能不亚于跑2公里所消耗的体能。"对此，许多科学家得出了这样的结论："一个人在很大程度上并不是老死的，而是被气死的。"由此可见，对于我们来说，拥有健康的心理是非常重要的，良好的情绪，温和的脾气都是良好心理素质的必备条件，这样，在任何时候，我们都处于泰然自若，平静如水的境地，而这正是高情商的标志。

职场情商你有多少

或许，你很想知道自己是属于哪种情绪类型的，那么，不妨来做做哈佛大学的情商测试。

如果你很想知道自己到底属于哪种情绪类型，就先做一做下面的测试题吧。（注：每道题都有 3 个选项，所选择的答案分数在小括号里。）

1. 假如让你选择，你更喜欢：

A. 与许多人一起工作，并进行亲密接触（3）

B. 和一些人一起工作（2）

C. 独自工作（1）

2. 当为解闷而读书时，你会喜欢：

A. 史书、秘闻、传记类（1）

B. 历史小说、“社会问题”小说（2）

C. 科幻小说、荒诞小说（3）

3. 对恐怖电影反映如何？

A. 不能忍受（1）　B. 害怕（3）　C. 很喜欢（2）

4. 以下哪种情况与你相符？

A. 很少关心他人的事（1）　B. 关心熟人的生活（2）

C. 爱听新闻，关心别人的生活细节（3）

5. 到外地时，你会：

A. 为亲戚们的平安感到高兴（1）

B. 陶醉于自然风光（3）　C. 希望去更多的地方（2）

6. 你看电视剧时会哭或感动得哭吗？

A. 经常（3）　B. 有时（2）　C. 从不（1）

7. 路上遇见朋友时，通常是：

A. 点头问好（1） B. 微笑、握手和问候（2）

C. 拥抱他们（3）

8. 假如在飞机上有个烦人的陌生人要你听他讲自己的经历，你会怎样：

A. 显示你颇有同感（2） B. 真的很感兴趣（3）

C. 打断他，做自己的事（1）

9. 你想过给报纸的问题专栏写稿吗？

A. 绝对没想过（1） B. 有可能想过（2） C. 想过（3）

10. 当别人问你的个人隐私时，你会怎样？

A. 感到不快活和气愤，拒绝回答（3）

B. 平静地说出你认为合适的话（1）

C. 虽然不快，但还是回答（2）

11. 在咖啡店要了杯咖啡，这时发现邻座有一位姑娘在哭泣，你会怎样？

A. 想说些安慰话，但却羞于启口（2）

B. 问她是否需要帮助（3）

C. 换个座位远离她（1）

12. 在朋友家聚餐之后，朋友和其爱人吵了起来，你会怎么做？

A. 觉得不快，但无能为力（2） B. 马上离开（1）

C. 尽力为他们排解（3）

13. 送礼物给朋友

A. 仅仅在新年和生日（1） B. 全凭兴趣（3）

C. 在觉得有愧或忽视他们的时候（2）

14. 刚认识的一个人对你说了些恭维话，你会怎么样？

A. 感到窘迫（2） B. 谨慎地观察对方（1）

C. 非常喜欢听，并开始喜欢对方（3）

15. 假如你因家事不快，上班时你会：

A. 继续不快，并显露出来（3）

B. 工作起来，把烦恼丢在一边（1）

C. 尽量理智，但仍因忍不住而发脾气（2）

16. 生活中的一个重要关系破裂了，你会：

A. 感到伤心，但尽可能正常生活（2）

B. 至少在短暂时间内感到痛心（3）

C. 无可奈何地摆脱忧伤之情（1）

17. 一只迷路的小狗闯进你家，你会：

A. 收养并照顾它（3） B. 扔出去（1）

C. 想给它找个主人，找不到就让它安乐死（2）

18. 对于信件或纪念品，你会：

A. 刚收到时便无情地扔掉（1） B. 保存多年（3）

C. 两年清理一次（2）

19. 你会因内疚或痛苦而后悔吗？

A. 是的，一直很久（3） B. 偶尔后悔（2）

C. 从不后悔（1）

20. 与一个很羞怯或紧张的人说话时，你会：

A. 因此感到不安（2）

B. 觉得逗他讲话很有趣（3）

C. 有点生气（1）

21. 你喜欢什么样的孩子？

A. 很小的时候，而且有点可怜巴巴（3）

B. 长大了的时候（1）

C. 能同你谈话的时候，并且形成了自己的个性（2）

22. 爱人抱怨你花在工作上的时间太多了，你会怎样？

A. 解释说这是为了两人的共同利益，然后仍像以前那样（1）

B. 试图把时间更多地花在家庭上（3）

C. 对两方面的要求感到矛盾，并试图使两方面都令人满意（2）

23. 在一场非常精彩的演出结束后，你会：

A. 用力鼓掌（3） B. 勉强鼓掌（1）

C. 加入鼓掌，但觉得很不自在（2）

24. 当拿到母校出的一份刊物时，你会：

A. 通读一遍就扔掉（2）

B. 仔细阅读，并保存起来（3）

C. 不看就扔进垃圾桶（1）

25. 看到路对面有一个以前的朋友时，你会：

A. 走开（1）

B. 走过去问好（3）

C. 招手，如对方没反应便走开（2）

26. 知道一位朋友误解了你的行为，并且正在生你的气，你会怎样？

A. 尽快联系，作出解释（3）

B. 等朋友自己清醒过来（1）

C. 等待一个好时机再联系，但对误解的事不作解释（2）

27. 你怎样对待不喜欢的礼物？

A. 立即扔掉（1） B. 热情地保存起来（3）

C. 藏起来，仅在赠者来访时才摆出来（2）

28. 对示威游行，爱国主义行动，宗教仪式的态度如何？

A. 冷淡（1） B. 感动得流泪（3） C. 使你窘迫（2）

29. 你有没有毫无理由地感到过害怕？

A. 经常（3） B. 偶尔（2） C. 从不（1）

30. 你属于下面哪种情形？

A. 十分留心自己的感情（2） B. 总是凭感情办事（3）

C. 感情没什么要紧，结局才最重要（1）

结果分析：

30~50 分：你的情绪类型是理智型，你有较强的自制力，缺点是对别人的情绪缺少反应，建议放松一下自己；

51~69 分：你的情绪类型是情绪型，有时候会感情用事，有时又十分理性，一般很少与人争吵，珍惜生活，生活得愉快、舒心；

70~90分：你的情绪类型是冲动型，很重感情，会意气用事，建议你以后遇事镇定一些。

你的性格是内向型还是外向型

你知道自己的性格吗？外向型通常表现为活泼、开朗、灵活；内向型表现为文静、喜欢思考、细致。两种性格类型都有其优点和缺点，互相补充。下面有50道题，可以根据自己的实际情况，作出“是”“否”或者“不确定”的回答。通过本测试可以初步判读你的内外向性格。

题号为偶数的题目，答案“否”计2分，答案“不确定”计1分，答案“是”计0分。

2. 你读书比较缓慢，致力于完全读懂。

4. 你常常分析自己，研究自己的内心。

6. 你在人多的场合总是尽量不引起别人的注意。

8. 你对人总是很谨慎。

10. 你害怕在人多的场合发表讲话。

12. 你经常会怀疑别人。

14. 你渴望过平静、轻松简单的生活。

16. 你常常会一个人胡思乱想。

18. 你经常回忆自己过去的生活。

20. 你总是思考之后再行动。

22. 你不喜欢自己在工作时有人来打扰。

24. 你总是一个人思考问题。

26. 你从不容易相信陌生人。

28. 你不善于结识新朋友。

30. 平时过马路很注意交通安全。

32. 你经常会感到很自卑。

34. 你很在意别人对你有什么看法。

36. 你喜欢一个人宅在家里休息。

38. 看到家里很乱，你就静不下心来。

40. 如果旁边有人说话，你总没办法安静下来学习。

42. 你是一个沉默少言的人。

44. 如果要求你与陌生人交流，你感到十分为难。

46. 你总是为遭遇的失败耿耿于怀。

48. 你很关注同事们的工作状况。

50. 你在选择东西时总是犹豫不决。

题号为奇数的题目，答案“是”计 2 分，答案“不确定”计 1 分，答案“否”计 0 分。

1. 即便对方与你意见不同，也可以与之和谐相处。

3. 虽然你做事速度比较快，不过却马虎了事。

5. 生气时，你总是毫不掩饰地将怒气发泄出来。

7. 你没有写日记的习惯。

9. 你是一个不拘小节的人。

11. 你可以做好领导者的工作。

13. 若你受到表扬将会更加努力工作。

15. 你从来不会想到未来的事情。

17. 你喜欢经常换工作。

19. 你很喜欢参加集体活动。

21. 你在花钱时从来不精打细算。

23. 你总是以乐观的态度对待生活。

25. 你不惧怕麻烦的事情。

27. 你从来不按计划办事。

29. 你的想法经常会发生变化。

31. 有什么话，你总是忍不住想一吐为快。

33. 你不是太过注意自己的衣服是否干净。

35. 与人交流，你经常是话多的那位。

37. 你的情绪很容易波动。

39. 遇到不明白的问题你就去请教别人。

41. 你的口头表达能力还可以。

43. 你适应新环境的能力较强。

45. 你经常会过高估计自己的能力。

47. 你觉得认真做事比较重要。

49. 相对于安静地看书看电影，你更喜欢热闹的活动。

最后将各道题的分数相加，其和即为你的性向指数。性向指数在0~100之间，而通过性向指数的数值可以了解一个人内倾或外倾的程度。

0~19 内向

20~39 偏内向

40~59 中间型（混合型）

60~79 偏外向

80~100 外向

结果分析：

内向：内向者具有较高的感受性和较低的敏感性，他们的心理速度比较缓慢，动作迟钝，说话慢吞吞。性格方面，容易多愁善感，容易情绪化，不过表现微弱而持久。平时不善于与人交往，遭遇挫折容易优柔寡断，在危险面前表现出恐惧和畏缩，在遭受困难之后经常会感到不安，不能快速地将注意力转移到别处，主动性较差。内向者无法将事情坚持到底，喜欢想象，比较聪明，对自己能做的事情表现出较大的持久性，且可以克服一切困难。

偏内向：偏内向者不轻易动情感，情绪不外露，态度比较稳重，交际适度，可以控制自己的行为。这样的人心理反应比较缓慢，遇事冷静不慌张。在平时生活中，他们比较灵活，做事有条理，可以长时间冷静地工作。不过，缺乏可塑性，由于因循守旧、缺乏创新精神，性格通常表现为内向，对外界的影响较少作出反应。

偏外向：偏外向者会对所有一切吸引自己注意的东西，作出主动的、积极的反应。他们行动比较快捷，有较强的适应环境能力，善于结识新朋友，容易动感情、性格活泼、表情生动，言语极具表达力和感染力。在平时生活中，总保持精力充沛的样子，不过在持久的工作中，激情容易消退，时而表现出萎靡不振的状态。

外向：外向者具有较高的反应性和主动性，脾气暴躁、不稳重、喜欢挑衅，不过态度直率、精力旺盛，可以对工作投入极大的热情，并克服前进道路上的重重困难，只是有时会表现出缺乏耐心的样子。不过，当遭遇的挫折和困难太大，他们会容易心灰意冷，且意志消沉，可塑性较差，不过兴趣比较稳定。

在这个世界上，每个人都是独一无二的。这种独特性不但表现在个人的基因是绝不相同，也表现在每个人都具有不同的个性。但是，这些形形色色的个性也有些相似的地方。著名心理学家荣格根据人的心态是主观内部世界还是客观外在世界，将人分为两种类型：内向与外向。这即是最常见的性格分类法，称为“性向”，就是“性格的指向”。

性格类型测试

从心理学角度来说，性格是人稳定个性的心理特征，它表现在人对待现实的态度和行为方式上，不同的态度和行为方式的结合构成了人区别他人的独特性格。对此，我们可以发现，性格的形成有着多方面的因素，比如遗传因素、家庭因素、生理因素。事实上，性格有多种类型，下面我们就根据测试得出你属于哪种性格类型。

阅读以下 40 个题目，将符合自己情况的命题标出。需要注意的是，不要在一个问题上拖延太多的时间，根据自己的第一反应或第一印象作出判断，不符合个人情况的命题则不需要标出。

S–1. 人们说我十分友好。

M–2. 虽然我只有几个朋友，但我们的关系十分密切。

C–3. 我是天生的领袖。

P–4. 我节约，从来不乱花钱。

S–5. 我懂得享受生活。

M–6. 我喜欢每一个细节都是完美的。

M–7. 我情绪易波动，经常是早上醒来不知道会是何种情绪。

M–8. 我喜欢批评生活中的人和事。

C–9. 我容易愤怒。

P–10. 我作决定时总是犹豫不决。

P–11. 我很少会因为事情而感到愤怒和不安。

S–12. 一群人聚会，我喜欢讲一些生动的故事。

S–13. 有人说我这个人不靠谱。

M–14. 我很会控制自己的行为。

C–15. 有人说我冷漠。

C–16. 我很果断。

P–17. 我非常幽默。

P–18. 我喜欢无所事事。

S–19. 我不是很有纪律性。

P–20. 我更喜欢旁观看待事情。

C–21. 我不容易原谅别人。

C–22. 我在短时间内可以做很多事情。

S–23. 场合中只要有我就会很热闹。

M–24. 我容易陷入悲观和抑郁情绪中。

P–25. 我做任何事情都不太主动。

P–26. 我非常有耐心。

S–27. 我喜欢说话。

M–28. 我不喜欢大聚会，只喜欢与几个好朋友一起。

S–29. 我非常热情。

C–30. 有人说我是一个十分勇敢的冒险者。

C–31. 我对事情有详细的看法。

P–32. 我喜欢睡觉。

C–33. 我喜欢掌控事情。

M–34. 我不擅长交朋友。

M–35. 我十分喜欢艺术。

S–36. 我爱所有人。

C–37. 我十分自信。

M–38. 我经常觉得别人不喜欢我。

S–39. 我花钱很大方。

P–40. 我经常感到很累。

结果分析：

M（忧郁型或完美型）

M型的人喜欢深思，他们喜欢自己支配时间，需要宁静；他们十分重感情，其情绪可能达到快乐的顶峰，也可能跌落到失望的低谷。在生活中，我们喜欢用大量的时间来思考问题；他们喜欢交际，却总是默默无闻，不希望引起别人的注意，他们更希望别人主动找他们攀谈。

优势：这种类型的人有着较强的洞察力，敏感而尽责，具备较好的交流技巧，善于结交新朋友。他们的工作方式可以被描述为精准、细心、善于分析、组织良好而自律。他们富有自我牺牲精神，安静而谨慎，通常在艺术、诗歌和音乐方面有较高的天赋。

劣势：他们情绪容易波动，经常处于沮丧状态，由于其绝望态度，不愿意参与以及追求完美，容易将自己独立起来。他们有自我牺牲的特点，平时不愿意拒绝他人，容易屈从，从而容易被人驱使。这样的人对新鲜的人和环境会充满质疑，由于他们曾经有多次失败的经历，可能被人们当作不愿意交往的群体对待。

P（冷静型或平和型）

这种类型的人有镇定、沉着的特点，因此常常被看作没有感情的人。他们理解和处理事情的方法如解题一般，他们愉快而放松，面对任何事情总是坦然一笑，所奉行的口头禅："不要担心，快乐行事。"

优势：这样的人大多沉着老练，实际而靠谱，内心坚韧，非常幽默风趣。他们擅长发现生活中的快乐，即便别人感觉不是有趣的事情，在他们看来也比较有趣。他们容易与各种类型的人建立关系，是十足的"外交家"，一旦发生了矛盾，他们就是最好的协调者。

劣势：这样的人缺乏动机，比较懒惰。他们在做决定时容易犹豫不决，有时表现为若无其事，好像他们对人和事情都不关心、冷淡，这时他们宁愿看大量的电视节目。遇到事情他们宁愿旁观而不是参与。

S（乐天型或活泼型）

这种类型的人愉快、自信、乐观积极，他们高兴时喜欢唱歌，就连写字时也喜欢用"感叹号"以表示自己兴奋的情绪，称呼身边的人喜欢用绰号，被人们当作"活宝"。他们善于结交朋友，似乎每个人都可以成为他们的朋友。

优势：这种类型的人可以带给身边人希望和快乐，给予对方很大的尊重，因而受到人们的欣赏。他们的乐观精神和满怀希望且充满点子，富于创造性，使得他们容易战胜困难。在生活中，他们拥有一大堆朋友，他们擅长自我推销，可以说服任何人和任何事。

劣势：这种类型的人缺乏纪律，不善组织，往往夸大其词，经常导致言不属实；喜欢夸夸其谈，喜欢打乱别人，高声发表自己的看法。他们常常失去重点和原计划要做的事情，由于热衷于表现，强烈希望自己成为人群的中心，却被别人当作浅薄而过分自我的人。

C（急躁性格）

这种性格的人容易生气，却又非常干练、非常有纪律。他们具有较强的动机，做事主动，工作刻苦，不管是在平时还是在艰苦条件下都可以坚持不懈，他们经常将那些计划付诸于实践。

优势：这种类型的人决断、自信、不畏困难、充满勇气，有较强的能力，他们是天生的领导者。他们很会设计出多元性的项目，他们可信而有责任感，从来不拖延时间，表现出力量和持久的恒心，愿意吃苦。

劣势：这种类型的人容易激动，喜欢生气，他们会快速地由冷淡变得火爆，在生活中他们是挑剔和霸道的。面对压力，他们常常顾不了别人且盛气凌人。他们喜欢讽刺他人，生活中因目标过于明确而不利于他们的人际交往。他们喜欢利用别人来达到自己的目的，他们的生活态度积极却又急于求成，常常不顾自己的情感。

职场公关能力测试

良好的公关能力是现代人的重要素质之一。身处职场，不管处于何种职位，每天总会面对形形色色的问题，比如，接到客户无理取闹的电话、领导提出的过分要求、业务员遇到刁难的客户等。事实上，工作中除了要处理分内工作，还需要协调部门内务，稍有不慎，就会出现意想不到的情况，所以，拥有较好的公关能力，也是职场的一门必修课。

职场人的公关能力，包括智商、情商和财商三个方面。智商公关，也就是提高自身的专业素养、提高自己的专业技术水平，以避免在处理具体事情中犯不应该犯的错误，同时出色完成本职工作，也为未来的晋升打下基础。情商公关，一个人情商的高低，很大程度决定其以后的职业发展，学会控制的情绪懂得为身边的人考虑，这样才能在职场路上走得更远。财商公关，职场人也要学会理财，有了一定的经济基础，才能掌控更多的社会资源，为自身的发展所运用。

下面设计了各种环境中的对话，每种回答都标有不同的分值，做完后将总分值与结果对照，可以预知你的公关能力。

选 a 得 1 分，选 b 得 2 分，选 c 得 3 分。

（1）在公共汽车站牌前，因人多而没有挤上去，你的朋友说：“等一会儿再上吧！”你回答：

a. 老是这样会一直乘不上车的！

b. 是的，再等等下一班车吧。

c. 高峰期总是这样，真讨厌！

（2）在公共汽车上，由于人多互相拥挤，有人对你说：“不要挤！”你回答：

a. 人多，没办法！请你向前靠些吧！

b. 对不起！

c. 真是的，我也不想挤！

（3）与恋人约会时，恋人因来晚了而对你说：“哟，我来迟了。”你作何回答？

a. 真不礼貌！稀里糊涂的。

b. 不必介意！不必介意！

c. 你是我喜爱的人嘛！

（4）在家中，妈妈说：“你为什么混得这样差，是怎么回事？”你回答：

a. 妈妈的孩子呗，没办法！

b. 对不起！我已做了努力。

c. 下次会让你高兴的。

（5）在学校，当你和同学们一起议论另一个同学时，其中一位同学说：“他又碰钉子了。”你接着说：

a. 那家伙差劲！真差劲！

b. 撒谎！是真的吗？

c. 真可怜！

看看测试结果吧：

0~3 分：公关能力很不理想。在公共场合，常常带有强烈的攻击性，碰到不顺心的事，就立即发怒。如果不加以改善，不适合有关群体性工作。

4~8 分：具有很强的公关意识和公关能力，遇事能够仔细考虑他人情绪和周围环境。即使讨厌的事情，如有必要，也能够控制住自己的感情去适应环境。需要防止的是：过于冷静，以致淡漠处世，丧失个性，失去自我发展的机会。

9~15 分：对自己的好恶不太外露，但在行动上给人以唯我独尊的印象，不太考虑别人的情绪，不善于理解别人的行动。因此，你要注意把自己放在大环境中去生活，并且适应环境。

自我职场能力测评

职业能力自测，请您根据自己的实际情况，回答下列每一个问题。

第一组第一个括号填（强）第二个括号填（弱）

（1）善于表达自己的观点（ ）（ ）

（2）阅读速度快，并能抓住中心内容（ ）（ ）

（3）清楚地向别人解释难懂的的概念（ ）（ ）

（4）对文章的字、词、段落的理解、分析和综合的能力（ ）（ ）

（5）掌握词汇量的程度（ ）（ ）

（6）您读书期间的语文成绩（ ）（ ）

总计次数（ ）（ ）

第二组

（1）目测能力（如测量长、宽、高等）（ ）（ ）

（2）解应用题的速度（ ）（ ）

（3）笔算能力（ ）（ ）

（4）心算能力（ ）（ ）

（5）使用工具（如计算器、算盘等）的计算能力（ ）（ ）

（6）您读书期间的数学成绩（ ）（ ）

总计次数（ ）（ ）

第三组

（1）作图能力（ ）（ ）

（2）画三维度的立体图形（ ）（ ）

（3）看几何图形的立体感（ ）（ ）

（4）想象盒子展开后的平面形状（ ）（ ）

（5）想象立体物体的能力（ ）（ ）

（6）玩拼板游戏（ ）（ ）

总计次数（ ）（ ）

第四组

（1）发现相似图形中的细微差异（ ）（ ）

（2）识别物体的形状差异（ ）（ ）

（3）注意到多数人所忽视的物体的细节部分（ ）（ ）

（4）检查物体的细节（ ）（ ）

（5）观察图案是否正确（ ）（ ）

（6）善于改正计算中的错误（ ）（ ）

总计次数（ ）（ ）

第五组

（1）快速而正确地抄写资料（诸如姓名、日期、电话号码等）（ ）（ ）

（2）发现错别字（ ）（ ）

（3）发现计算错误（ ）（ ）

（4）发现图表中的细小错误（ ）（ ）

（5）在图书馆很快地查找编码卡片（ ）（ ）

（6）持久工作的能力（如较长时间地进行抄写资料）（ ）（ ）

总计次数（ ）（ ）

第六组

（1）操作机器的能力（ ）（ ）

（2）玩电子游戏或瞄准打靶（ ）（ ）

（3）运动中身体的协调和灵活性（ ）（ ）

（4）打球（如篮球、排球、乒乓球、羽毛球等）的姿势与水平（ ）（ ）

（5）手指的协调性（如打字、珠算等）（ ）（ ）

（6）身体平衡的能力（如走平衡木等）（ ）（ ）

总计次数（ ）（ ）

第七组

（1）灵巧地使用手工工具（如榔头、锤子等）（ ）（ ）

（2）灵巧地使用很小的工具（如镊子、缝衣针等）（ ）（ ）

（3）弹乐器时手指的灵活度（ ）（ ）

（4）动手做一件小手工艺品（ ）（ ）

（5）很快地削水果（如苹果、梨子）（ ）（ ）

（6）修理、装配、拆卸、编织、缝补一类活动（ ）（ ）

总计次数（ ）（ ）

第八组

（1）善于在陌生的场合发表自己的意见（ ）（ ）

（2）去新场所并结交新朋友（ ）（ ）

（3）您的口头表达能力（ ）（ ）

（4）善于与人友好交往并协同工作（ ）（ ）

（5）善于帮助别人（ ）（ ）

（6）擅长做别人的思想工作（ ）（ ）

总计次数（ ）（ ）

第九组

（1）善于组织集体活动（ ）（ ）

（2）在集体活动或学习中，经常关心他人的情况（ ）（ ）

（3）在日常生活中能经常动脑筋，出点子（ ）（ ）

（4）冷静地果断地处理突然发生的事情（ ）（ ）

（5）在工作中您认为自己的工作能力（ ）（ ）

（6）善于解决朋友与同事之间的矛盾（ ）（ ）

总计次数（ ）（ ）

现在请根据每组回答的“强”“弱”的总次数，填入下表：

组相应的职业能力强（次数）弱（次数）

第一组言语能力（ ）（ ）

第二组数理能力（ ）（ ）

第三组空间判断能力（ ）（ ）

第四组察觉细节能力（ ）（ ）

第五组书写能力（ ）（ ）

第六组运动协调（ ）（ ）

第七组动手能力（ ）（ ）

第八组社会交往能力（ ）（ ）

第九组组织管理能力（ ）（ ）

职业能力自测结果

在强（次数）栏中找出两个数字最大的组，这两个组所表示的能力就是您在职业能力上最强的两个方面，然后您可以对照下面的分析，看到您做适宜从事的职业有哪些，反之，您也可在弱（次数）栏找出两个数字最大的组，这两组所反映的职业能力对您来说最弱，您不应该从事要求这两方面职业能力强的职业。

第一组：言语能力您具有对词、句子、段落、篇章的理解能力，以及善于清楚而正确地表达自己的观念和向别人介绍信息的能力。您最适宜从事的职业有：外销员、商务师、导游、演员、导演、编辑、播音员、节目主持人、教师、律师、审判员等。

第二组：数理能力您能迅速而准确地运算，并具有在快速准确地进行计算的同时，进行推理、解决应用问题的能力。您最适宜从事的职业有：会计、银行职员、保险公司职员、税务员、审计员、统计员、自然科学家、计算机工程师等。

第三组：空间判断能力您具有对立体图形以及平面图形与立体图形之间

关系的理解能力，包括能看懂几何图形、对立体图形的三个面的理解力，识别物体在空间运动中的联系，解决几何问题。您最适宜从事的职业有：技术员、工程师、服装设计师、艺术家、家具设计师、建筑师、摄影师、家电维修专家、自然科学家、军官、司机等。

第四组：察觉细节能力您对物体或图形的有关细节具有正确的知觉能力，对于图形的明暗、线的宽度和长度能作出区别和比较，可以看出其细微的差别。您最适宜从事的职业有：技术员、工程师、电工、房管员、咨询师、运动员、教练员、导演、图书馆员、会计、银行职员、保险公司职员、审计员、统计员、编辑、播音员、自然科学家、计算机工程师等。

第五组：书写能力您具有对词、印刷品、账目、表格等细微部分正确知觉的能力，善于发现错字和正确地校对数字的能力。您最适宜从事的职业有：教师、公务员、社会科学家、秘书、打字员、编辑、银行职员、咨询师、经理、记者、作家等。

第六组：运动协调您的眼、手、脚、身体能够迅速准确和协调地作出准确的动作和运动反应，手能跟随眼所看到的东西迅速行动，具有正确控制的能力。您最适宜从事的职业有：运动员、教练员、演员、工人、农民、服装设计师、家具设计师、美容师、电工、司机、服务员、导游、医生、护士、药剂师、导演、警察、战士等。

第七组：动手能力您的手、手指、手腕能迅速而准确地活动和操作小的物体，在拿取、放置、调换、翻转物体时手能做出精巧运动和腕的自由运动。您最适宜从事的职业有：医生、护士、药剂士、运动员、教练员、自然科学家、工人、农民、技术员、工程师、服装设计师、家具设计师、艺术家、美容师、售货员、服务员、保育员、摄影师、演员、导演、战士等。

第八组：社会交往能力您善于进行人与人之间的相互交往、相互联系、相互帮助、相互作用和影响，具有协同工作或建立良好的人际关系的能力。您最适宜从事的职业有：采购员、推销员、公共关系人员、外销员、商务师、编辑、调度员、经理、服务员、房管员、导游、咨询师、银行信贷员、税务员、审计员、保险公司职员、演员、导演、教师、社会科学家、公务员、秘书、警察、律师等。

第九组：组强管理能力您擅长于组织和安排各种活动，具有协调人际关系的能力。您最适宜从事的职业有：调度员、导游、教练员、导演、教师、经理、公务员、商务师、保育员、咨询师、税务员、秘书、律师、警察等。

如果有一个或几个职业在经过职业性格、职业兴趣和职业能力自测后，都被确定为是您最适宜从事的职业，那么，这一个或几个职业就是您的求职目标，应该成为您的第一职业选择志愿。

下篇

职场人际关系心理学

职场就是一个小社会，每天都与形形色色、不同阶级的人打交道，稍有不慎便会得罪身边人，职场之路也岌岌可危。对于职场人而言，人际关系是重中之重。学好心理学，才能够游刃有余地处理与领导、同事、下属、客户之间的关系。

第10章

与领导相处——亲疏有间博信任

与领导相处，是一门艺术。作为下属，都希望能够与领导搞好关系，总是愿意得到领导的赏识和器重，以此获得晋升。但是，许多下属却很苦恼，在与领导相处过程中不懂技巧，以至于与领导关系平平，甚至不是十分融洽。

刺猬法则：把握好与领导的亲近尺度

刺猬法则强调的是人际交往中“心理距离效应”，运用到职场人际关系心理学中，就是下属与领导保持亲近关系，但这种是亲疏有间的关系，是一种不远不近的合作关系。作为下属，在与领导沟通过程中，还需要把握彼此之间的亲近尺度，切忌说话太随意。换句话说，也就是下属需要说作为下属应该说的话。作为下属，不要以为自己的领导很随和，更不要觉得领导的年龄与自己差不多，就可以在他面前说话毫无顾忌，不分职位高低，说话很随意。下属应该谨记：即便是性格很随和，年龄很小的领导，他们内心深处都会有一种强烈的自我意识，因为他们处在领导者这样的特殊位置。因此，下属在言语表达中，就需要注意职位高低之分，即便你私底下与领导关系很密切，说话也不要太随意。与领导说话，认清双方的角色是很重要的，如果你的语言表达太随意，不把领导放在眼里，或者让领导感觉不如你，那你今后的日子就很不好过了。

小琪是一家报社的记者，她平时很喜欢看一些小资的文章和书，特别喜欢工作之外有更多的私人时间。上班第一个月，她感觉还不错，基本上不用加班，她觉得这份工作还真不错。

不过，到了第二个月，报社来了很多新闻素材，领导经常让小琪去现场采访。一开始，小琪还觉得很新鲜，后来就感到疲惫了。在连续加了三天班后的一天，她正准备下班回家，这时领导进来了，说道：“小琪，你先别走，公司有一个非常重要的客户来了，你帮忙招待一下。”平时小琪说话随便惯了，尤其是当自己很累的时候，她也顾不上领导的面子了，她只感到疲惫和委屈，所以没好气地说道：“凭什么叫我接待啊？我已经下班了，当时招聘我来的时候，你们也没说过要干这么多事啊！”这时旁边的另外一位同事赶紧说:“我去接待吧！小琪可能有事。”

回家的路上，小琪觉得自己对领导说话太随意了，不过，她也在为自己辩解：我已经连续加班三天了，很疲惫了，领导应该知道啊。没想到，两个月后，那位代替小琪去接待客户的同事升为主管，这时小琪才醒悟：都是自己说话随意惹的祸。

在日常工作中，许多下属喜欢幽默、风趣地说话，时不时还跟同事开玩笑。本来，几乎是没有人会讨厌这样的说话，因为风趣会让人更容易亲近，我们经常说，幽默是人际关系的润滑剂，其实也就是这个原因。虽然，风趣说话是一件好事，但若是用在与领导说话中却是不太好的，其中最关键的就是与领导说话不能太随意，即便是开玩笑也是需要符合双方身份的。通常下属同领导开玩笑，目的就是赞美他、抬高他、尊重他，玩笑的内容应该是善意的、积极的，让领导觉得中听的。反之，如果太过随意，不懂得把握分寸，就很容易招致领导的反感。

小倩是单位后勤部的行政人员，她性格活泼开朗，经常喜欢开玩笑。上班后不久，她发现后勤部的张主任长相很斯文，对下属也经常是笑嘻嘻的，看起来一本正经，小倩就很想开开张主任的玩笑。

这天，张主任穿着一身新衣服来上班，黑色西装、黑色衬衫、黑色裤子、黑色领带，正好在走廊上碰到了小倩。小倩马上大声地说:“哟，张主任，您今天这是去哪里啊，穿得这么崭新。”张主任听了，咧嘴一笑，可小倩马上说道:“瞧你穿着一身黑色的，莫不是参加谁的葬礼吧？”话音刚落，张主任脸色就变了，小倩也意识到自己说错了话，但自己也是经常跟朋友们开这样的玩笑，应该不会怎么样吧？

由于对张主任开这样的玩笑，在后面的工作中，张主任根本不愿意接触小倩，以至于小倩无法与领导进行正常的沟通，工作开展得也很不顺利。

在上面这个案例中，小倩所开的玩笑太过火了，虽然她意识到自己说错了话，但觉得这些玩笑都是平时与朋友说的，应该没什么问题。但她却忽略了，领导就是领导，并不是朋友，你与朋友说话可以很随便，但对领导说话却不能这样随意，而是需要谨慎开口，把握好彼此之间的亲近尺度。

心理启示

在日常工作中，下属与领导的关系，既不能特别亲近，也不能过分疏远，这就决定了说话的技巧。你可以像朋友一样关心领导，但却不可以像朋友一样与领导开玩笑。对领导说话，不能太随意，要时刻记住：他是君，你是臣，彼此之间是有距离感的。如果你擅自跨越这段距离，那领导就会对你心生反感。

反馈效应：善汇报让领导放心

反馈原来是物理学中的一个概念，是指把放大器的输出电路中的一部分能量送回输入电路中，以增强或减弱输入讯号的效应。心理学借用这个概念，启示人们在任何时候都需要及时反馈，避免毫无目的地向前冲。

许多人简单地以为工作就是将领导安排下来的任务完成，事实上汇报也属于工作职责之内。对于领导交代的任务，对于员工要懂得积极地回复，工作进行到哪种程度、有什么样的结果。不管工作完成得怎么样，都应该如实汇报、积极主动汇报，因为只有在接收到员工的信息之后，领导才可能基于工作最新的信息作出最具效果的决策。

对领导而言，在公司除了自己其余的人都是员工，不管是中层管理还是普通员工。那么，作为下属，更需要养成主动汇报工作的习惯，让领导了解你在忙什么、你为公司所做的一切。所以，汇报工作不仅仅是下属的义务，也是下属的日常工作。

很多时候，领导作为统筹的人，并没有太多的空闲时间来主动询问你工作情况怎么样，很有可能因公事繁忙而忘记这个事情，那么作为员工就应该牢记本分，主动汇报工作。一方面，汇报工作可以使领导详尽地了解工作进展情况；另一方面，还有利于督促自己工作的进度。在很多时候，如果不养成主动汇报工作的习惯，会因疏忽遗忘而没做，或者已经做完没有对完成的结果上报，最后再回想这件事可能已经耽误处理的最佳时机，甚至有可能演变为不了了之的结果。

小冷是一位性格比较内向的女孩子，工作能力也是有目共睹的，在公司主挑大梁，做任何事情都是兢兢业业，不过，她却一直做得很不开心。

由于公司只有一个文案和设计师，小冷作为唯一的文案，承担了公司的编辑、策划、文案等文字类工作。但事实上，这对于小冷而言，是一个不小的挑战，她只是擅长写文字，对策划和文案一窍不通。领导却总是说："你可以多看看，这个很简单，而且有模板可循。"小冷是一个不善言辞的女孩，她只能偶尔抱怨着，但却赶鸭子上架般去接下这些工作。

有时候，在工作中遇到了困难，小冷也是自己闷着，不向老板汇报。在她看来，既然领导认定让自己做，再怎么困难，领导也会让自己坚持下去，所以说了等于没说。她一边摸索着做这些完全不同的工种，同时痛苦煎熬着。每次领导问工作进度怎么样了，小冷总是模糊应答："恩，快了。"后面领导再问，她也会说："进行得很顺利！"到了最后，她把整个策划案交给领导，说："完成了。"

就这样，在两年的时间里，小冷一直做着许多与自己工种不同的事情，感觉很憋屈，却不懂得向领导求助、汇报。

像小冷这样的员工可以说是职场第一傻，总是埋头苦干，甘心情愿接下任何工作。当领导询问："有什么困难没？"员工总是回答："嗯，进展得不错。"当领导再问："完成了吗？"员工回答："是的，马上就完成了。"这样一来，领导会觉得"原来这件事这么简单"，而员工在为完成工作背后所付出的精力却被忽视了。如果工作出现了困难，不向领导汇报，万一自己解决不了呢？即便是自己最后解决了问题，但在领导看来，"或许工作本身就很简单，所以他一点都没向我请教"。

作为员工，需要养成汇报工作的好习惯。一些员工恰恰是在汇报工作中脱颖而出，从而赢得了领导的肯定与器重。而那些平时不喜欢汇报工作的员工，由于担心领导知道自己一事无成，尽可能将汇报的频率减到最低限度；或是自以为汇报只是形式，根本没什么价值，觉得汇报工作或写书面汇报很麻烦；有的员工则是因为在之前的工作汇报中受到了批评，比如写了很差劲的报告而被指责，所以他再也不想汇报工作了；还有一些员工则是不善于汇报工作，尽管他的工作做得非常好，但就是不擅长汇报。其实，不管属于哪一类型的员工，都应该意识到汇报工作是工作的一部分，并且是至关重要的一部分。

不懂汇报工作，又如何能在职场脱颖而出。一般而言，越早学会主动汇报工作，就越能够早一点引起领导的注意，获得提升的机会。在管理界流传着这样一句名言：下属的汇报永远不能达到领导的期望。通常情况下，做领导的根本不知道员工在做些什么工作，又在为什么而烦恼。所以，在日常生活中，员工要养成经常与领导沟通的习惯，及时向领导汇报工作，一旦工作有什么问题就立即与领导商量对策，如果是书面报告，需要写得详细清楚，千万不要敷衍了事。

1. 善于汇报，让领导放心

一个员工如果不主动汇报自己的工作，反而会让领导心中产生这样的疑惑：他好像每天都很忙，不过他到底在忙些什么呢？那么，作为一个员工，需要主动报告自己的工作进度，让领导放心，不能因为小小的错误，发展到后面的不可挽回，造成不可弥补的损失。早一点向领导汇报工作进度，一旦有错，就能及时纠正。

2. 善于汇报，容易得到领导的赏识

向领导汇报工作是员工的基本工作，每次工作汇报，都可以让领导肯定你的成绩，甚至对你刮目相看。反之，如果不善于汇报工作，领导看不到你的工作成绩，则可能否定你的工作与成果，甚至你的能力。

心理启示

所以，我们可以说，一个成功的人必然是一个善于汇报工作的人。不过，在实际工作中，工作汇报能力是多数人众多能力素质中需要提升的短板之一。作为员工，应该努力养成主动汇报工作的习惯。

手表定律：获取多方领导说话的异同

通常拥有两块以上的手表并不能帮人准确地判断时间，相反会制造一些混乱，让看表的人失去对时间的判断，这就是手表定律。其深层意义在于每个人不能同时挑选两种不同的行为准则或者价值观念，否则人们的行为就会陷入混乱。作为员工，当多方领导都在说话的时候，如何权衡呢？

在日常工作中，最令下属头疼的事情就是面对几位领导说话，这时候到底该听谁的呢？如果只听从其中一个领导的意见，那无疑会得罪另外一个领导；如果他们的意见都听，但几位领导的意见毕竟不统一，这时该如何办呢？实际上，下属在听多方领导说话时，应着重获取其中异同点，也就是收集多方领导语言表达中的共同点，选择其不同的意见，再看看这些不同的意见都分别出自于哪个领导所说，逐一权衡，才会得出最终的结论。当然，在这个过程中所做的工作是极其繁杂的，也是很费脑筋的，因为你不仅需要认真听每一位领导说话，还需要记住他们所表达的建议和想法，再综合领导们的意见，最后权衡到底该听哪种意见。尤其是如果其中的两位领导之间有矛盾，那就更糟糕了，因为你免不了会得罪其中的一位。实际上，还是有办法的，作为下属，你不能擅自做主决定听谁的，但你可以把所有的意见都综合起来，找出相同的，基本上就是这几位领导共同的意见了，至于不同的部分，你可以逐一请示，征求相关领导的意见。

简而言之，就是综合他们的意见，将他们共同认为可以的想法归纳起来，至于他们所提出的不同意见，你可以先搁置一边，也可以继续征求领导们的意见，以求达成最后的共识。这样才是妥善的处理方式，这表示你尊重了他们所有的意见，也给足了所有人的面子，因此，对你最后的综合意见，领导们应该是极力赞同的。作为下属，在听领导说话时，该有的智慧还需要具备，灵活多变，着重获取几位领导的异同点。

小张作为员工，与几位不同部门领导一起参加研讨会议。主要是针对公司最近新推出的一个项目——巨新产品，在座的有生产部门的领导，销售部门的领导，市场部的领导，以及行政办公的领导。

研讨会议一开始，生产部领导就发言说："对于这个产品，我们部门正在加紧赶制，质量方面，那天上级领导也去视察，都挺满意的，我自己每天也去视察车间工作，争取将每一个产品做得完美。我本身是负责生产部的，对于市场、销售也不太懂，但直觉告诉我，这个产品应该会轰动市场的。"这时市场部领导说话了："你的直觉一向不怎么准啊，上次说那个什么产品会一炮而红，结果还不是失败了。我最近考察了市场，打算将产品定位在年轻人身上，因为他们朝气蓬勃，适合这样的产品，我的计划是先做做宣传，打开市场局面，之后的工作就看销售部了。"

销售部领导又提出了不同意见："你的市场定位要做得准确，我觉得除了年轻人，稍微成熟一点的中年人也是蛮适合的，咱们部门的几个跨入中年的同事，听说了这个新产品，都有想试一试的冲动呢，我们部门最近正在制定销售策略，如果你们市场定位比较准确的话，那销售应该是没问题的。"

听完了三位领导的发言，只见小王在记录本上记着："产品生产方面已经没什么大的问题，质量有所保证；至于市场这一块，宣传，打开市场，这都是市场部门相应的工作之一，定位方面存在一点小问题，到底是定位年轻人还是年轻人和中年人呢？在销售方面，正在制定销售策略。"

案例中，小王的会议记录综合了三位领导的意见，如此的倾听算是有效的，没有偏袒任何一位领导，也没有仅仅听从了一位领导，而是将三位领导所说的异同点都听了进去，这对于实际工作的展开与执行是很有帮助的。

在日常工作中，我们经常听到这个领导这样说，那个领导那样说，到底该听谁的，自己也搞不清楚。对于这样的情况，我们应该将他们的意见综合起来，着重强调其异同点，也就是所谓的求同存异，这就算是听从了多方领导的意见，这样的方法对和谐领导之间的关系，以及实际工作的开展都是有重要作用的。

心理启示

下属同时听多方领导说话，最忌讳的是只听一个领导的，这时你将其他领导的面子摆在哪里呢？或者说只听其中一两个领导的，忽视其他领导的，这都是下属很容易犯下的错误。既然是多方领导，那表示他们职位的高低是差不多的，因此，在听取意见的时候，需要遵循的原则是：谁也不要得罪。

海格力斯效应：打消对领导的抵触情绪

在日常工作中，领导常常因为工作的事情而焦头烂额，免不了因情绪不当而对下属责骂。这时下属则对领导充满仇恨，以敷衍了事工作、不听工作指令等来对抗领导。在这个过程中，自己心中的敌意越深，领导就越看你不顺眼，直至两败俱伤，这就是职场中的“海格力斯效应”。

在生活中，每个人都有自己的脾气，谁都有发脾气的时候，一辈子不发一次脾气的人是没有的。当然，由于每个人的性格不一样，他们脾气的大小也不一样，有的人脾气大，有的人脾气小，这都是因人而异的。通常来说，领导发脾气的概率是很小的，也就是说，他们不经常发脾气。但下属也不要误以为领导就是没脾气的，领导生气也是很正常的，因此，如果下属碰到这样的情况就需要打消心中的抵触情绪。领导也是人，自然具有人的所有属性，也就是说，领导也会有发火的时候。但领导发脾气并不针对任何人，他处于领导这个位置，他比任何人都要理智，因此可以说，领导发火往往与工作有关，他们常常有意或无意地通过发火这样的方式去达到一定的目的。

许多下属在领导发火时会产生一些抵触情绪，心里总会想：领导是不是针对我呢？我这件事情明明是做的不错，为什么还要这样说我呢？在抵触情绪的影响下，他们会为自己的过错而寻找一些理由，从而向领导申诉，孰料领导尚未熄灭的火焰却越来越高，甚至到了掀桌子的程度。其实，在领导发火时，下属火上浇油无疑是自讨苦吃。假如领导是针对工作中出现的错误而生气，那不忙于追究错误的根源，作为下属应该主动承认错误，予以诚恳的道歉，以求息事宁人。否则，如果你实在厌倦这份工作，或是想以此为借口辞职，那你倒可以与领导对着干，甚至大吵一架离开公司。不过对于大多数下属而言，他们都缺乏足够的勇气，所以就做一个乖乖的倾听者，一旦领导气消了，那事情也就得到了解决。

两个人一起做工作，领导在布置任务时没注意，将较多的工作量交给其中一个人去完成，而将较少的工作量让另外一个人完成，但工作要求是一样的，所给出的报酬也是一样的。

转眼到了验收工作成果的时候了，领导对工作量较少的下属所做的工作比较满意，而另外一位下属，估计是由于工作量太大，因而完成的结果不是很满意。对此，领导大发雷霆："我在布置工作任务时就说得清清楚楚，工作的要求以及目的，结果你交上来的工作却令人很不满意，没能达到我之前所说的水平，你可以去看看你的另外那位同事，他做的就比较让人满意，你可以比较一下，看看你自己差在哪里？"

下属很不服气，当即反驳说："领导偏心嘛，我和同事同样的工作时间，同样的要求，但我的工作量却远远超过他的，即便是我没能达到这样的要求，您也不能这样贬低我的工作成果啊。"领导一听，气不打一处来，大声说道："确实，工作量的事情是我没弄清楚就交给你们，但这是你工作粗心大意的借口吗？一说你工作有问题，你就赌气说给你工作量太大。我看你根本不想好好工作，你自己收拾东西辞职吧。"下属一听这话，站在那里一动也不动。

案例中，面对领导的批评，下属的回应带着抵触情绪，最终使情形变得越来越糟糕。其实，发火对于一般人来说应该是控制的不良情绪，但对于领导来说往往代表着一种权威，一种不容侵犯的权威。我们经常在战争题材类的电视剧或电影中看到，许多指挥官在前线激战时都是带着脾气指挥作战的，因为发火往往会让战士们产生心理震撼，从而更快速地投入到战斗中去。

下属在与领导打交道、相处时，必须正确对待和妥善处理领导发火的问题。否则，领导就会看轻你，或者使矛盾加剧。作为下属，对待领导发火的正确态度是：只要领导不是有意侮辱人格，或故意找岔子，你就应该学会忍让。尤其是当自己确实在工作中出现了差错，领导为此发火的时候，你更应该静心倾听，理解领导的用心良苦。假如领导在发火时，你觉得自己受到了委屈，也不应该当面顶撞和对抗，应该保持倾听的态度，你可以等领导平静之后再向其作解释。

心理启示

如果领导在安排工作，其指令不能对下属产生心理震撼，这往往会影响到其工作效率。按这样的推断，通常权力越大的领导，其脾气也越大。当然，这里所说的脾气通常是在理智控制下的“脾气”，而不是超越理智界限的脾气。

老鹰效应：脱颖而出有办法

老鹰效应，通常指的是适者生存。对职场人而言，需要在职场里生存下来，就需要脱颖而出，受到领导的赏识。如果你足够的优秀，就要勇敢地表现出来，并不是说领导了解你的优秀，就会重视你。需要得到他的重视，就要敢于表现出来，哪怕是向他表功。表功并不是骄傲的体现，恰恰是你能力的表现，如果你真的是有功之臣，理应得到重视，也是无可厚非的。很多人善于在上司面前表功，所以他的事业就能够芝麻开花——节节高。

有的人性格内敛，喜欢独处，他们总是安安静静地坐在一个角落。通常情况下，人们会将一些生活习惯带进工作中。一般来说，那些对工作十分认真的人，他们在生活中也会显得十分热情。他们会把那种投注在工作中的热情融入生活中。在生活中遇到任何事情，他们都勇于承担责任，在生活中，没有机会的时候会积极地寻找机会、创造机会，有机会的时候会牢牢地把握住机会，他们很容易获得幸福的生活。而一些性格内向又没有具体方法的人，他们则会在职场原地踏步，好像始终找不到未来的方向。那么，在职场生涯中，如何使自己脱颖而出呢?

小李在公司工作已经三年了，直到现在还在原地踏步，仍然只是一个小职员。虽然他本人对此也感到十分苦恼，但是却毫无办法。小李的主管看见他这个样子，真有种“朽木不可雕也”的感叹。

这次，公司业务部新拉了两个客户过来，主管想给小李一个升职的机会，就把小李喊到办公室:“这次你去吧，客户都是比较好说话的，只要你能随机应变，就一定能完成工作任务。”小李显得有点犹豫:“我……我……我怕我不行。”主管有点生气了，但还是规劝道:“你看你跟你一起进公司，发展最好的已经晋升到总经理的位置了，你依旧这样，你也得为自己的工作尽份力量，为公司尽点责任。”无奈之下，小李硬着头皮接了下来。

等到第二天，已经准备出发，小李来到主管办公室，支支吾吾地说:“主管，看来我真的不行，我怕到时候把这个客户得罪了，把业务丢了就不好办了，你还是另派一个人去吧。”主管气得说不出话来，只是一个劲儿地叹气。

公司同事知道了这件事情，都不禁对小李的情况议论纷纷:“小李真是，面对大好的机会畏畏缩缩，永远干不成大事。”“是啊，真是，公司新来的员工办事都比他强。”“唉，就别说他了，他那人就那样，都三十好几了，连女朋友都没有谈呢!”“啊……”

在日常生活中，像小李这样的大有人在，由于胆怯、不善言辞，结果给自己的工作和生活带来了很大的影响。他们总是担心失败了会怎样，所以经常表现出犹豫不决的神态。由于顾虑的东西实在太多，行动起来就会瞻前顾后，畏首畏尾，最后往往会以失败而告终。而当工作失败了，他们就会不断地找一些客观的理由和借口为自己开脱。

那么，在现实工作中，我们该怎么做呢?

1. 坦然接受别人的帮助

当自己刚进入一家新公司的时候，上司和同事肯定会带着你到其他部门去熟悉一下，或许会邀请你一起吃晚餐或小聚一下。只要没有太重要的事情，你最好不要拒绝别人的善意邀请。对自己而言，确实需要花费一些精力去适应，不过这比日后你慢慢在公司拓展交际要好得多。

2. 寻找机会休息

当不太适合连续不断的会议或不停的谈话时，你可以主动寻找离开办公室的机会，即使是绕着走廊走一圈，这样也可以让大脑放空，享受暂时的休息。甚至，可以去卫生间休息几分钟，也可以去复印材料或是送文件的路上，或是下楼买杯咖啡。当然，寻找机会休息并非说任意偷懒。

3. 安静地工作

对自己而言，恐怕很难在一个嘈杂的环境中顺利工作。所以，在必要的时候，去找一个可以让自己安心静心的环境工作，比如去一间会议室，或关闭时间段的公司食堂等，这样才能好好工作。

4. 主动做适合自己的工作

通常情况下，每个公司内部都有一些需要高度集中和忍耐力的工作，而那些外向者不喜欢这类的工作。这时内向者可以主动去争取承担这样的工作任务，因为这样不仅可以轻松地完成这个工作，而且还可以帮助他人走出困境，确实是完美的解决方案。

5. 接纳自己的性格

有些人身上有谨慎、稳重、城府较深的特点，他们往往做事可靠，容易被别人认可。因此，性格内向者要善于接纳自己，认识自己性格上的优势，在生活、工作中发挥自己的特长。

6. 善于接受他人的“信任”

如果在公司经常被人支配、安排多做事，不要把这当作是“人善被人欺”，而要认识这是别人对自己的信任，这样才不会产生逆反情绪。要善于将别人对自己的支配当成是信任，乐意地接受、乐意地做，这样人际关系就会越来越融洽。

心理启示

在日常工作中，要善于听别人说话，对别人的正确意见表示赞同，对别人的长处和做出的成绩予以肯定。只要学会听、学会说“行、好、可以……”肯定性词语，再加上勤奋工作的态度，就一定可以在职场生涯中开辟出属于自己的一片新天地，成为名副其实的职场达人。

瀑布效应：有些话不能随便说

瀑布效应，指的是无意中说出的话却让别人很不开心，虽然说话者本身心理比较平静，但说出的话却引起了对方不平静的心理，从而导致态度行为的变化等。古人曰：“静坐常思己过，闲谈莫论人非。”意思是，沉静下来要经常反省自己的过失，进而以是克非、为善去恶；闲谈的时候莫议论别人的是非得失，这是儒家倡导的道德修养的重要方法。在日常工作中，下属要想让领导觉得自己可靠，或者想具备良好的性情修养，就应该谨记这条古训，尤其是后者“闲谈莫论人非”。不可否认，每个人都有一定的好奇心，尤其是对于别人的隐私更有一种想窥探的欲望。有的人甚至在工作中有一个奇怪的爱好，那就是打探领导的隐私，实际上如此的举动是危险的，一旦领导知道你在打探自己的隐私，那么他会一下子把你拉入黑名单，并认为你是不可靠的人。因此，在倾听领导说话时，不要好奇地去打探领导的隐私，而应专注于听领导说话。

当然，通常来说女员工喜欢谈论是非，或是打探隐私，但在现代这个社会，不少男员工也有这样的癖好，一旦发现领导的隐私、秘密，就欲罢不能。他们在与领导沟通时，会好奇地问这问那，就好像总喜欢问“为什么”的小学生一样，但我们应该知道，领导并不是老师，他没有权利对我们的提问一一作出解答，尤其是对于隐私方面的问题，他非但不愿意回答，反而对提出这样问题的下属心生不快，觉得你根本不是值得信任的人。一般在社交场合，打探别人的隐私都是一种很不礼貌，很让人厌恶的行为，更别说下属想打探领导的隐私，这会让领导感觉到不受尊重，同时认为你是缺乏修养的员工，试想，一旦领导对你道德品质产生了疑问，那他在其他方面同样会对你持怀疑的态度。

下班的时候，天空正下着瓢泼大雨，女职员小娜正踌躇地站在公司门口，不知道如何回家，早知道今天下雨，就应该出门带伞，现在这样，怎么回家呢？正在小娜担心的时候，部门主管走了出来，小娜像见到救星一样走上前去，问道："主管，你有多余的雨伞吗？"主管皱皱眉，回答说："我从来不带雨伞，不过，你不是住在东大街吗？我可以顺路把你捎回家。"小娜感激地点点头。

坐在车厢后座的小娜很快就打开了话匣子，问道："主管，听说你们在江边还买了一栋别墅，是真的吗？肯定好几百平方米吧，那样的房子可是我努力几辈子都住不上的啊，我可真羡慕你们这些有钱人。"主管笑了笑，没说话，早就听闻这个小娜嘴巴比较"大"，今日一见确实厉害。

停了一会儿，小娜问道："可是，那个，你老婆回来了吗？"小娜之所以这样问，是因为最近办公室所谈论的话题都是主管正与老婆闹离婚，而且这个消息就是小娜传出去的，因为有个玩得好的朋友在民政局工作，竟然看到了他们一起去办离婚手续，不过最后没办成。喜欢打探别人隐私的小娜很想知道主管最近情况怎么样，所以这样问了一句，没想到主管脸色一下子黑了下来，没说话。小娜从车后镜看到主管铁青的脸色，才意识到自己问错了问题，但她已经不知道该如何圆场了。

听闻主管在闹离婚，而好奇的小娜竟然问出了这样的问题，也难怪主管的脸色会一下子变得铁青。对于领导来说，他非常欢迎下属询问自己关于工作上的事情，但若是询问到其家里的事情，除非他主动开口说，否则他会有一种被侵犯的感觉。当然，和任何人一样，领导对于向自己打探隐私的人从来都是厌恶的。

在办公室里有这样一群人，他们以他人的是非话题作为自己的谈资，以谈论他人的隐私、揭他人的伤疤作为自己的快乐，通过在背后谈论他人来满足自己的口欲。不仅仅喜欢打探同事的隐私，还到处打探领导的隐私，这些人都是令人憎恶的，当然，他们在工作中也做不出什么成绩。

心理启示

作为下属，应该记住：在工作中要做到谨言慎行，该说的话要"三思而后说"，不该说的话千万不要随便乱说，尤其是对于他人的隐私、秘密，更需要谨慎对待。即使你无意中听到了他人的隐私，也不要到处张扬，更不能逮着一个人就说，每个人都需要有一个自由空间，你的尊重也会换来他人对你的信任。

第11章

与同事相处——互相尊重好拍档

在工作过程中，同事是我们互相交往、接触最多的人，这就造成我们很难定位同事的位置，他有可能是朋友，有可能是竞争对手，有可能是敌人。这就需要我们在与同事相处的时候，把握好彼此之间的关系，既不过分疏离，也不过分亲密。

安泰效应：团队的力量

安泰效应指的是一旦脱离相应条件就失去某种能力的现象，所以必须依靠彼此，依靠集体。任何一个组织，不管大小都需要团队合作，虽然合作的形式会有所差别，但高效的团队合作，往往是组织成员共同努力的结果，因为组织内上下级，员工与员工之间是一个复杂而微妙的动态过程，而并非简单的加权。比如，单就谈判团队而言，它作为一个典型的组织团队也是这样。如今，谈判变得越来越复杂，所牵涉的范围也比较广泛，所需要的知识也很广博，诸如产品、技术、市场、金融、法律等方面，假如是牵涉到国际间的谈判，还会涉及国际法、外语等知识，如此纷繁的知识绝不是仅凭一个人就能办到的。因此，谈判除了一对一的方式之外，更多的时候是一个谈判团队对另外一个谈判团队。为了实现某个具体的谈判目标，按照新的组合放大了个人的力量，从而形成了一种新的力量。

其实，任何团队的组合实际上都是一种优势互补。在实际生活中，即便再高明的人，也有不知道的知识，也有自己的不足之处，总是这里或那里搞不明白。面对这样的情况，若是找一个能与之互补的人组成团队，那岂不是更完美了？我们都知道，一个人能力再强，也到不了想干什么就干什么的地步，因此一个好的组合团队往往聚集了众多个人的力量，从而形成更强大的力量，而这样的力量恰恰是在实际工作中所需要的。所以，如果你想在事业中拔得头筹，那组建一个好的团队是很有必要的。

公司建立了以王先生为首的谈判团队，在这个团队里每个人都有自己的具体职能。王先生作为团队的领袖，他几乎处理所有面对面的谈判，他是整个谈判的组织者，负责大部分“说”的工作，或者提出新的问题和新的提议，或作出妥协和让步。

团队中的小李是评论员，他主要负责总结目前的进展，阐明目前所存在的问题。观察员小赵主要负责观察并监控人们通过话语和肢体语言，面部表情所传递出来的信息。小凡是团队里的分析员，主要负责记录并分析全部的数字和其他数据，对方的出价方式和作出让步的方式，这样有助于理解其谈判的目标和优先考虑的问题。

俗话说："三个臭皮匠，顶一个诸葛亮。"一支管理精良的团队具有这样的优势：可以代表公司内部的多方利益；可以保障企业内部各方对最终协议的坚定执行；可以有效地提高团队成员的自信；让整个团队在整个行业内具有杀伤力。当然，我们在建立团队的时候，不要与对方团队的人数相比较，因为相比较一个臃肿的团队，一个少而精良的团队要好很多。

在伯克希尔哈撒韦投资公司，也就是巴菲特旗下有9位高管，在每个高管身上，都深深地烙上了美国商业精神乃至美国精神的印记，比如冒险精神、团队精神、创新精神、品牌精神等。在巴菲特的团队身上，我们可以感受到更多的东西。

从伯克希尔哈撒韦公司的经营业务范围以及发展可以看到，巴菲特的股票投资理论与企业投资理论一脉相传、互为印证、互为支持。在巴菲特的主张下，伯克希尔哈撒韦公司长期注重于"传统企业"投资，而且取得了巨大的成就，这就源于巴菲特的价值理论。也就是说，他一直坚信商品、商业的市场价值来自其内在的价值而非其他。也正因为这样，巴菲特在股票投资上采取了相似的选择股票的方法，同样赢得了成功。从这个角度看，所谓的传统产业，假如可以赢得被市场认可的价值，一样商机无限。

在伯克希尔哈撒韦投资公司，显著地展现了团队的力量。我们可以看见，并不是巴菲特一个人在战斗，在巴菲特的台前幕后，一个优秀的团队是他成功且经久不衰、越斗越强的坚实基础。可以说，这个优秀的团队经营管理优秀的企业，提供"价值"的坐标系和参照系，为巴菲特的企业帝国和股票王国提供了源源不断的支持。

因为喜欢投资，巴菲特成了最成功的投资家；因为喜欢投资，他组建了属于自己的团队。我们都坚信这样一个道理，资本的力量是毋庸置疑的，巴菲特在华尔街这样一个充满“阴谋”“欺诈”的肮脏世界里保持着良好的声誉，这源于其价值理论，但更源于他以及团队的商业价值和社会价值理念。而巴菲特旗下的公司力量以及团队的力量，也被巴菲特发挥到极致，从而造就了其伟大的企业帝国——伯克希尔哈撒韦公司。

1. 明确团队的人员组成原则

在组建团队时，需要考虑两方面的内容：一方面是需要成员具有良好的专业基础知识，而且能快速有效地解决实际运作中可能出现的问题；另一方面参加团队人员必须关系和谐，可以求同存异。简单地说，就是需要成员遵循知识的互补性，包括性格、能力的互补。

2. 对团队成员数量进行有效的控制

团队的成员是不是越多越好呢？当然不是，以少量的人做更多的事情，这才是团队所要达成的目标。比如，谈判团队需要多少人才适合呢？国内外的专家普遍认为大概需要六个人组成，其主要是由谈判管理员、经济人员、技术人员、法律人员、翻译人员、记录人员这六个人组成。人员的搭配要适当，也可以适当作出调整。

心理启示

当我们在组合一个团队的时候，所需要达到的宗旨是凝聚起来的力量应该是巨大的，而不是削弱整体的力量，也就是说，尽量做到互补，尽可能综合所有的力量。

泡菜效应：与优秀的人成为拍档

在日常生活中，我们发现：同样的蔬菜在不同的水中浸泡一段时间后，将它们分开煮，其味道是不一样的，这就是著名的泡菜效应。通过这样的原理，我们可以知道，一个人在不同的环境里，由于长期的耳濡目染，其性格、气质、素质和思维的方式等方面都会有明显的差别，这就是我们常说的"近朱者赤，近墨者黑"。

泡菜效应，直接揭示了环境对人的成长的重要性。1979 年诺贝尔物理奖获得者温伯格曾说过："我之所以获奖，是因为我们学校有一种人才共生效应。"经过调查发现，原来温伯格所毕业的那一届有十多个人都成了美国著名的物理学家。对此，温伯格坦言是学校的环境造就了自己的成功："那时学校教物理的老师都特别棒，鼓励我们自由思考，作业很少，让我们学有余地，当时学校还有个科幻俱乐部，我们都是俱乐部的积极分子。"

一个生物学家在一家农场看见鸡群里有只老鹰，于是，他好奇地问主人："为什么鸟中之王会与鸡在一起呢？"主人说："因为我一直喂它鸡饲料，它从小就在鸡舍里长大，所以，它一直不想飞，而且它根本就不认为自己是一只老鹰了。"生物学家说："不过，它到底是一只老鹰啊，只要教它应该就会的。"经过一番商量，两人准备将老鹰放飞，第一天失败了，第二天失败了，第三天，生物学家将老鹰带到了山上，鼓励它："你是一只老鹰，属于蓝天和大地，张开翅膀飞翔吧！"奇迹出现了，老鹰慢慢张开了翅膀，冲向天际。

古人曰："近朱者赤，近墨者黑。"当我们接近品性好的人时，可以使我们学好，心中不自觉地萌发出见贤思齐的想法；当我们接近品性坏的人时，就很容易变坏。我们生活的环境就像一个大染缸，很容易将形形色色的人同化在其中。

那么，对于那些优秀的同事拍档，我们该如何对待呢？

1. 有合作的精神

即使自己再优秀，也不要认为自己无所不能，就办公室琐碎的事情来说，哪怕是复印文件也需要文员帮忙。所以，对于优秀的同事，必须树立合作精神，就好像对待人生中的另一半。

2. 多与同事交流

虽然是拍档，但两个人的知识、能力、经历造成了彼此对同一件事不同的看法。那么，沟通是协调的开始，对同事要坦诚自己的想法，听听对方的想法，可以经常说“关于这件事，你怎么看”。

3. 保持友善的态度

或许你已经很优秀，甚至认为凭自己一个人的力量也可以解决眼前的工作。不过依然不要那么嚣张，毕竟未来那么多工作任务，你并非全部都能完成，所以对自己的拍档还是友善对待吧。

心理启示

当我们处于修心重德的环境中，我们就会受到身边人的言行教化，自觉地约束自己，使自己的身心都得到不断的长进；相反，假如我们处在道德颓废的环境中，我们就会受到身边消极观念的影响，随波逐流。因此，要想认清自己，有效地提升自我，我们应该选择一个良好的环境，这样我们的心灵才能够得到升华。

竞争优势效应：学会与同事合作

当双方有共同利益的时候，人们往往会优先选择竞争，而不是选择对双方都有利的合作。这样的现象，被心理学家称为“竞争优势效应”。任何人在这个世界都不是孤立存在的，都要与周围的人发生各种各样的关系。作为员工，需要与同事一起工作，共同完成工作任务，这就是合作。无论你从事什么职业，也不论你在哪里，都离不开与别人的合作。对此，作为员工，在工作中要学会合作，彼此互相配合，才能把工作做好。工作中许多事务，只有通过与人合作才能完成，一个人若是学会了与人合作，也就获得了打开成功之门的钥匙。常言道："小合作有小成就，大合作有大成就，不合作就很难有什么成就。"当然，在工作中，成功的合作不仅需要有统一的目标，尽力做好分内的事情，而且，还要心中想着别人，心中想着团体，并具备一定的自我牺牲精神。员工需要养成良好的合作习惯，这关系到你的职业前途，学会与人合作，不仅可以弥足自己的不足，还能够形成一种合力。

一盘散沙，尽管它黄金发亮，但没有太大的作用，但是如果与水泥结合在一起，就能够盖成高楼大厦。一个人的力量犹如沙粒，只要我们学会与人合作，就会起到意想不到的作用，说不定，你就成了不可思议的有用之才。学会与人合作，并掌握这种才能，才能使自己不断地进步。当然，并不是所有人都能有效地与人合作，往往那些善于团结的人，能引导其他人进行合作，引导他们团结在自己身边，共同完成一件工作。

美国加州的红杉，被认为是世界上现存最高大的植物。通常情况下，红杉的高度大约为100米，相当于30层楼那么高。对此，科学家对红杉进行了深入的研究，在研究过程中，他们发现了许多奇怪的现象。一般而言，长得越高的植物，它的根应该扎得越深，但科学家却发现，这世界上现存最高大的植物，它的根只是浅浅地浮在地表面而已，这使得红杉能方便快速而大量地吸收赖以生长的水分，从而得以快速茁壮地成长。

科学家分析了这些情况，总结道，若根浮于地表也有弱点，如果高大的植物的根扎得不够深，这样的植物就很脆弱。或许，只需要一阵大风，就能够将它连根拔起，可为什么红杉却能长得如此高大且屹立不倒呢？

很快，科学家们发现：没有一株红杉是单独生长的，它必定生长在一大片的红杉林中。这一大片红杉的根紧密相连，一株接着一株，它们结成了一大片，这让红杉牢牢地长在了地面上。即使是自然界威力无比的飓风，也无法撼动几千株根部紧密相连，占地超过上千公顷的红杉林。除非飓风强到足以将整块地掀起，否则再也没有任何自然力量可以动摇红杉分毫。

神秘的自然界会给我们留下许多成功的启示，红杉就是一个很好的例子。有时候，成功不能只靠自己的强大，也需要依靠别人。简单地说，只有帮助更多的人成功，你才能更成功，就如同红杉根部相连，以紧密的合作关系，创造出屹立不倒的奇迹。

合作的原则是“以诚相待”，既然彼此是合作伙伴，如同一条线上拴的两个蚱蜢，一损俱损，一荣俱荣，如此团结一致，才能达到合作的最终目的。

同样的条件，为什么有的人把它变成了天堂，而另外一些人却将它变成了地狱。关键在于，你是否学会了合作，你所选择的是共同幸福还是独自霸占着利益。在日常工作中，需要我们与同事合作的机会很多，可能，在合作的过程中会出现一些分歧，产生一些矛盾，但既然已经成了合作伙伴，那就要珍惜彼此间的合作机会，致力于将合作推向成功，这样，你的工作才会越做越好。

那么，在现实生活中如何提高与同事之间的合作呢?

1. 默契比利益重要

工作的地方充满竞争，如果想与同事之间形成协同合作能力，就需要将利益放在第一位，因为有了默契，才能共同创造利益。

2. 生活上也可以帮助对方

虽然是同事，但也可以成为生活中的好朋友。当同事在生活中有什么困难，你需要及时伸出援助之手，让对方感受自己的真诚。

3. 偶尔的争议不要放在心上

同事之间难免因为工作的事情争得面红耳赤，这是再正常不过的事情。不过，对于同事不要把这些琐碎的争吵放在心上，毕竟是为了工作。

心理启示

员工需要懂得合作，如果你羽翼尚未丰满，就需要加入成功的团体，在合作中学习。合作是需要一定的自我牺牲精神的，因为合作的目的是通过大家的共同努力，获得共同的成功，如果你只是自私地想自己成功，而不顾及别人，这样就没人愿意与你合作。

彼得原理：不要抢占同事的功劳

什么是彼得原理？对一个组织而言，一旦相当部分人员被推到其不称职的级别，就会造成整个组织的人浮于事，效率低下，导致平庸者出人头地，发展停滞。将一名职工晋升到一个无法很好发挥才能的岗位，不仅不是对本人的奖励，反而使其无法很好发挥才能，也给组织带来损失。在日常工作中，有的人看见昔日与自己站在同一起跑线的同事不断地晋升职务，就免不了想到自己的处境，只有普通的岗位，拮据的生活，心理就会失去平衡。他们总是认为同事是“瞎猫撞到死耗子”，觉得上司对自己不够公正，甚至怀疑同事背后有着不可告人的“潜规则”。总之，他们对同事的成功，总感觉那是通过不正当手段取得的，心里有了敌意，有时还会抢占同事的功劳，以此来达到心理上的平衡。其实，作为同一间办公室的同事，我们本来是站在同一起跑线上的，在职场生涯中，不可避免地会有所比较。

有时候，同事的进步会或多或少地让我们的心里有些触动，这是很正常的。但是，许多人并没有调整自己的心态，而是愈演愈烈，最后，几乎把同事当成了敌人，他们四处抱怨，想方设法地抢占同事的功劳。

新年过后，公司又开始新一轮的人事变动，准备提拔一批年轻的干部。小娜、小乐、小慧是很好的朋友，在大学的时候是同班同学，后来又一起进的公司。三个人的工作能力都特别突出，又在同一个部门，这次的人事变动很受她们的关注。小娜认为自己绝对能够胜出，因为自己不但工作能力突出，而且还长得很漂亮，这对于经常在外面与客户洽谈业务是相当有益的；小乐则专注于自己的工作，偶尔会向同事打听一下，并没有多大的关注；小慧则不闻不问，一点也不关心人事变动这件事。

最后结果出来了，业务部提拔的年轻干部是小乐。于是，办公室都在议论纷纷：论工作能力，小娜比她能干多了；论业绩，小慧丝毫不比她逊色。每天听着这样的议论，小娜心里很愤慨，她非常嫉妒小乐，索性请病假歇班了。而小慧却真诚地向小乐祝贺，并更加积极地投入到工作中去。

不久，小娜因为闹情绪，在工作上提不起劲，还是在原地踏步。而工作出色的小慧却在两个月之后被提升为办公室主任，同时，她与小乐的关系也越来越好，可谓是事业、友情双丰收。

本来一场激烈竞争就这样成了双赢的局面，而小娜最终因为嫉妒的心理影响了自己正常的工作，小慧保持平和的心态，大方为同事的成功而喝彩，她也获得了最后的成功。其实，小慧就是一种自信的表现，因为她知道自己是一颗珍珠，别人的光辉非但没有遮蔽自己，反而会把自己照得更亮。所以，面对同事的成功，她不抱怨，不抢功，而是给予喝彩，积极投入到工作中，最后，自己的实力得到了上司的认可，同时，她谦逊、平和的姿态也赢得了同事小乐的好感，两人成了工作中的好搭档。

在办公室里，不乏这样的人，当自己取得了成绩、荣誉，就奔走相告，兴奋不已，而一旦同事或者身边的人有了进步，却往往充耳不闻，甚至竭尽地挖苦、冷嘲热讽对方，以宣泄自己的嫉妒心理。其实，这是一种心理失衡的表现，我们所需要做的是调整情绪，保持平和的心态。

1. 对自己有信心

在办公室里，大凡缺乏自信的人才会抱怨，才会嫉妒。看着同事的成功，想到自己没有出头之日，他们内心就会失衡，以至于抱怨上司不公平、抱怨同事走了关系，等等。作为办公室里的一员，我们要对自己有信心，要相信，可能今天晋升职位的是同事，有可能明天就是自己了。对自己有了信心，在一定程度上，能缓和心理的不平衡，从而保持心态的平和。

2. 为同事的成绩喝彩

当身边的同事获得了成功，我们应该大方地为他人喝彩，这是一种智慧。为同事的成绩喝彩是一种难得的智慧，当你在欣赏同事的时候，也在不断地提升和完善自己；当你真诚地为同事取得的成绩而鼓掌的时候，你化解了敌意，获得了友谊；当你在赞赏同事的时候，其实也矫正了自己的狭隘自私和妒忌的心理。另外，为同事的成绩喝彩，会拉近与同事的心理距离，增强自己的人际吸引力，建立融洽的人际关系，营造良好的工作环境。

3. 不抢占同事的功劳

当同事为公司立下了大功，许多人在心理失衡的情况下会作出抢功的行为，明明是同事的功劳，硬是在上司面前说自己也有功劳，以此来平衡心理。其实，这样一些行为是很不对的，一旦真相出查明了，不仅得罪了同事，而且，在上司面前也留下了恶劣的印象。所以，面对同事的成绩，不要嫉妒，不要抢占同事的功劳，而是想着自己怎样才能做出同事那样的成绩。

心理启示

西班牙学者巴尔塔沙·葛拉西安有句名言："学会欣赏每一个人会让你受益无穷，智者尊重每一个人，因为他知道各有其长，也明白成事不易。"其实，我们身处职场这个风云变幻的环境，应该保持平和的心态，不抱怨，不抢功，这样我们才能与同事建立融洽和睦的关系，也才能打动同事的心。

懒蚂蚁效应：不要小瞧对方

一个公司在激烈的市场竞争中，假如所有人都在忙碌，却没有人静下心来思考、观察市场环境以及内部经营状况，无法跳出狭窄的眼界，也无法找到解决问题的关键。这些看上去的懒蚂蚁，实际上才是最有见解的人。在职场，也总有这样一群人，看似不起眼，却在关键时刻起到举足轻重的作用。

我们都很容易犯一个错误，那就是总以不屑的眼光来看待我们身边的每一个人，包括同事，其实，这样小瞧别人会让我们蒙受大的损失。在现实生活中，我们每一个人都是平等的，不存在谁比谁更高贵，谁比谁更低贱。所以，当你小瞧别人的时候，实际上是抬高了自己，看低了别人，这时候，你眼中完全没有了对方，就有可能面临着目中无人的危险。当你开始轻视对方，那实际上你已经走上了一条失败的道路。而且，当你小瞧别人的时候，会让对方感到自卑，也让对方感到很伤自尊，因为没有谁愿意被人看不起。或许，你真的在某方面很出色，但也不要小看他人，一方面是出于对他人的尊重，另一方面也是为自己敲一个警钟。另外，我们有时候也会出现这样的情况，也许对方压根儿就是一个不起眼的小人物，所以不自觉地看轻了对方。实际上，不管对方是否很优秀，或者是否很渺小，我们都没有任何理由去看轻对方。我们应该尊重对方，学会欣赏每一个人，重视每一个人的存在。这个世界需要我们大家的点缀，才会绽放出无限的光芒。

也许，有的人看上去就是那么平凡，但是，没有看见真实的他，你就不能判断他到底有几斤几两。如果这个人正好是你的竞争对手，那么你已经输在了心气上，因为心气儿太高容易摔下来。而他只是默默地坚守着自己，即使有着卓越的才能也深藏不露，所以，最终你只能失败。可是，偏偏有的人自作聪明看透了对方，把对方当作可有可无的角色，忽视了对方的存在，因而他最后也输得很惨。有的人自诩聪明，却经常糊里糊涂地跌进别人的陷阱，这其中很大的原因就是他小看了他人。有时候，看对人比做对事更重要，因为你知道了对方的真实情况，才决定该怎么去做，以免输给对方。

有这样一个寓言故事：

狐狸默顿看见一家人的窗户上挂着一串香肠，它馋的口水都流了下来。怎样才能吃到香肠呢？他想来想去，这时候，它注意到院子里有一条狗，它狡猾地想："利用那条狗，我只要三言两语就能让那条蠢狗把香肠送给我！"于是，狐狸默顿走过去和狗套近乎，最后它对狗说："兄弟，看到那串香肠了吗？你那吝啬的主人是不会给你吃的，与其那样还不如我替你望风，你把它偷出来大吃一顿多好！"狗想了想，点了点头，就让狐狸跟它进院，小声对狐狸默顿说："你到草地那等着我，等我偷下来香肠，就跟你会合，咱们俩一起把香肠吃掉。"狐狸高兴得不得了，听从了狗的建议，往草地方向走去，刚走到草地就一声惨叫，它被一只捕鼠的夹子夹住了。这个时候，主人跟着狗走了出来，一枪就把狐狸打死了。

狡猾的狐狸以为自己有多么聪明，别人多么的愚蠢。在它看来，可能狗都是愚昧至极的动物，所以，它把自己的小算盘打得真好，却没有想到，把自己给算计进去了。这只是一个寓言故事，也许你会为狐狸的自作聪明而捧腹大笑，但浑然不知，自己在生活中也经常担任这样的角色。生活中的我们又在什么时候，正眼看过了别人，绝大多数时候，我们都会自作聪明地把别人都当成了傻瓜，可是，到最后我们才发现，真正的傻瓜是我们自己。

每天，我们都忽视了许多身边的人。也许，你忽视了那个清洁的阿姨，看轻了她的身份与地位；对于办公室里来的陌生人，也是不屑一顾，也许他就是潜在的大客户；对于其他部门的同事也是爱理不理的，也许他就是你下一个合作伙伴；对于新来的同事也是看不上眼，也许他就是你未来的强劲对手。时间长了，你才发现自己错了，并且错得很离谱，当你小看对方的时候，你已经开始损失了。

心理启示

曾经有一位美国著名企业家说了一句话：每个人的身上都挂着一块隐形的牌子，上面写着：不要小看我！试想，没有一个人能容忍别人的轻视，当你轻视别人时，别人自然可以轻视你。所以，为了不让自己损失更多，我们一定要坚持一个简单而重要的原则：不要小瞧同事！永远不要！

破窗效应：谨慎应对虚伪同事

破窗效应是犯罪学的一个理论，指的是在环境中的不良现象如果被放任存在，会诱导人们仿效，甚至变本加厉。在我们身边有着很多虚伪的同事，他们常常表面对你表示出友好的态度，但是背后却说我们的坏话，或者使计策陷害我们。当我们与这样的人相处的时候，一定要格外小心，以免被他蒙骗了。当然，在我们的工作中，什么样的人都能遇到，但只要不伤害到自己的利益，与其相处还是可以的，因为毕竟每个人除了缺点还有优点。但是，如果有可能，还是尽量少与那些虚伪的同事打交道。

小丁是一家公司的普通职员，这些天她心情很不好，因为自己的主管是一位喜欢对下属指手画脚的人，他希望所有的事情都按照自己的方法进行。这让小丁感觉自己就是一个牵线木偶，直接被人操纵。

当时，小丁与主管的秘书关系还算不错，有一次吃饭两人聊得不错。小丁就以为遇到了知音，把自己所有的苦闷一股脑儿说给对方听。她还心存幻想，希望主管的秘书能把自己的苦恼反馈给主管。

结果第二天，也不知道主管的秘书转述了些什么，当主管见到小丁的时候，脸色更难看，嗓门也更大了。小丁想着自己还把那秘书当作知心朋友，原来她是一个虚伪的人，她既愤怒又后悔。

虚伪的同事一般都戴着面具与你交往，他不会在你面前暴露真实的自己。所以，更多时候是需要我们做好自己的工作，小心提防对方就可以了。假如对方是一个虚伪的人，你需要与他保持一种距离，但没必要揭开对方虚伪的面具。因为你们毕竟只是一种利益上的同事关系，而且为了工作还得继续协作下去，就没有必要去追究对方虚伪的目的，只要没伤害到自己的个人利益，完全可以保持一种平和的心态。

1. 不要和他们说真心话

面对虚伪的同事，千万不要说出你的真心话，或者是向对方吐露一些你的秘密、隐私。因为那些虚伪的人通常都是戴着面具，他们可能在赢得了你的好感之后，获取你的秘密、隐私，当作他在其他同事面前的谈资。因此，对待那些虚伪的同事，你只需要随便寒暄几句即可，而不需要把对方当作真心朋友那样无话不谈。

2. 不要在他面前抱怨其他的同事

当你们在聊天时，千万不要因为自己内心情绪比较差就在他面前抱怨其他的同事。如果他知道了你对某位同事有不满的情绪，他就会有所行动。他们有可能会把你所抱怨的那些再添油加醋地告诉对方，使你们之间的关系更加恶劣；他们也有可能在公司同事面前，假意站在你这边，“帮着”你说那位同事的不是，并且还会把你对同事的抱怨说出来，到时候，不仅仅是那位同事，也使你自己陷入了尴尬的窘境。

3. 保持自己的风格，不要过于迁就他

有时候，虚伪的同事会对你进行甜言蜜语的进攻，并且请求你帮助什么，这时候，你一定要保持自己的做事风格，不能害怕得罪他而迁就他。当然，直接拒绝他，这样得罪一个虚伪的同事也不是一件好事，但是一味地迁就更不是上策，这会使对方感觉找到了你的软肋。最佳的办法，就是进行巧妙的拒绝，既不伤彼此的和气，也使对方明白你真的有难处，进而理解你。

4. 谨言慎行，做好自己的本职工作

那些虚伪的人都善于观察身边的人，洞察他人的心思，所以，你在交往中千万不要小看他们的能力。自己更要谨言慎行，做好本职工作，千万不要企图做一些小动作，这样只会让他们抓住你的把柄，揪住你的小辫子。俗话说：“身正不怕影子斜。”只要你的言行举止没有丝毫的漏洞，他就拿你没辙。

5. 与他们沟通要有防备之心

俗话说：“防人之心不可无。”而特别是面对那些虚伪的人，需要自己有所提防。无论是说话做事都要果断，自己的事情自己做主，对方给你建议或者答案只能作为参考，要按照自己的想法作出决定。有时候，如果你轻易地相信了别人所说的话，就有可能中了他的圈套，把自己置于一个困难的境地。

心理启示

总而言之，你在与那些虚伪的人打交时一定要小心，以防自己上当受骗。其实，从某种角度来说，和虚伪的人一起共事并不是一件坏事。因为你可以从他们身上学到很多，比如善于观察，善于总结，善于洞察人心，与那些虚伪的人相处还可以让我们变得更加老练。有的同事值得你真诚地对他，有的只是一般同事或是只能算是表面朋友，所以虚伪的面具只需要对其虚伪的人戴上，而在真心朋友面前则不需要。

第12章

与下属相处——恩威并施巧驾驭

与下属相处是一门学问，作为领导者，在管理下属的过程中，需要恩威并施巧驾驭。对下属，不能非常严厉，又不能放任不管，好的管理艺术既可以有效驾驭下属，又能让下属感受到浓厚的人文关怀。

位差效应：尊重对方等于尊重自己

司马光在《资治通鉴·唐纪·四十五中》称："下之情莫不愿达于上，上之情莫不求知于下，然而民恒苦上之难达，上恒苦下之难知，若是者何？九弊不去故也。所谓九弊者，上有其六而下有其三：好胜人、耻闻过、骋词给、眩聪明、厉威严、恣强愎，此六者，群上之弊也；谄谀、顾望、畏楱，此三者，臣下之弊也。"在这里，司马光所论述的可能是最早的"位差效应"了。阻碍人与人之间信息和情感沟通的因素很多，但最主要的恐怕还是交流双方因地位或角度不同而造成的心理隔膜，这种情况被管理学者称为"位差效应"。

位差效应本意大多指的是上下级之间，其意指：由于地位的不同使人形成上位心理与下位心理，具有上位心理的人因处在比别人高的层次而有某种优越感，具有下位心理的人因处在比别人低的层次而有某种自卑感，一个有上位心理者的自我感觉能力等于他的实际能力加上上位助力，而一个有下位心理者的自我感觉能力等于他的实际能力减去下位减力。

在美国有位很有钱的富翁，但是，他却得不到别人的尊重，为此，他很苦恼，每天都想着如何才能受到他人的敬仰。一天，富翁在街道上散步，看到旁边有一个衣衫褴褛的乞丐，他心想自己机会来了。于是，富翁便在乞丐的破碗中丢下了一枚金币，可是，乞丐却头也不抬，自己忙着捉虱子，富翁很生气："你眼睛瞎了吗？没看到我给你的金币？"乞丐还是没有用正眼瞧他，回答说："给不给是你的事，不高兴你可以要回去。"富翁很生气，又丢了十个金币在乞丐的碗中，心想这一次乞丐一定会趴着向自己道歉，却不料，那个乞丐还是不理不睬。

富翁几乎要跳起来了，咆哮道："我给你十个金币，你看清楚，我是有钱人，好歹你也尊重我一下，道个谢你都不会？"乞丐懒洋洋地回答："有钱是你的事，尊不尊重则是我的事，这是强求不来的。”富翁一下子着急了：“那么，我将我的一半财产分给你，能不能请你尊重我呢？”乞丐翻着白眼看着他，说：“给我一半财产，那我不是和你一样有钱了吗？为什么要我尊重你？”一着急，富翁说道：“好，我将所有的财产都给你，这下你可愿意尊重我了吗？”乞丐回答道：“你将财产都给我，那你就成了乞丐，而我成了富翁，我凭什么要尊重你？”富翁一下子好像明白了什么，他抓住乞丐的手，真诚地说了一句：“谢谢你！”乞丐改变了之前的态度，正视他的眼睛说：“不用客气，您请慢走。”

最后，富翁明白了：即使是乞丐，对他而言，他也需要平等的沟通，而只有在平等的基础上，自己才能得到应有的尊重。刚开始的时候，富翁总是以高人一等的姿态与乞丐说话，结果，连乞丐都不搭理他，他以什么样的姿态对别人，别人就会以同样的姿态来回敬他。当然，到了后面，富翁明白了，真正的尊重来自于平等基础的沟通。

从客观上讲，我们在与他人的交流过程中，应尽自己的最大努力获取信息。日本管理学家证实：信息每经过一个层次，其失真率为10%~15%；而上级向他的直接下属所传递的信息平均只有20%~25%被正确理解，而下属向他的直接上级所反映的信息被正确理解的则不超过10%。当然，他也提到了：“平等的交流，极少存在上位和下位之分，故其沟通和交流的效率可达到90%以上。”对此，在现实生活中，我们应该平等地沟通，这样的交流才会更自然，也更容易打动人心。

1. 互相了解

在沟通过程中，平等的交流包括双方的互相了解。放开自我，让对方了解你的需求，了解你的难处，让对方知道你需要什么样的帮助。同时，你也需要了解对方的需求，让对方感到你是理解的。

2. 站在别人的角度想问题

在沟通中，需要时刻站在别人的角度想问题。多考虑别人的感受，如果你是上级，不要不分场合地教训人；多把事情往好处想，少盯着别人的缺点；给对方多一些赞扬，少一些批评。

心理启示

在现实生活中，我们大都有这样的经历：当我们的谈话对象是一个比自己地位高或威望大的人，我们的表现往往会失常，事先想好的话在手足无措中乱了套，导致了尴尬的局面；反之，如果在一个地位或能力都不如自己的人面前，我们却可以一切应付自如，甚至，还有可能超常发挥。

皮格马利翁效应：巧妙鼓励赞扬下属

皮格马利翁效应指的是，人的情感和观念会不同程度地受到别人下意识的影响，当然，人们会不自觉地接受自己喜欢、信任的人的影响及暗示。当这个效应运用到管理学中，需要领导对下属投入感情、希望和特别的诱导，促使下属得以发挥自身的主动性、积极性和创造性。每个人都渴望鼓励与赞扬，哪怕只是一句简单的赞语，都会给人带来无比的温馨和振奋。某企业家说："人都是活在掌声中的，当部属被上司肯定、受到奖赏的时候，他才会更加卖力地工作。"换句话说，巧妙地鼓励与赞扬，可以激发出下属无限的潜能，鼓励与赞美合乎人性的领导法则，得体的赞扬，会使人感到开心、快乐，这时候，下属会发出这样的心声："他很清楚赞扬我的表现，我就知道他是真挚地关心我，尊重我，并且熟悉我的工作内容。"同时，领导者会得到意想不到的回报，那就是当人们感到自己的表现受到肯定和重视的时候，他们会以感恩之心表现得越来越出色，越来越精彩。

工作成绩被肯定，是下属的价值得到了最期望的肯定，当他们得到赞扬和鼓励之后，会本能地散发出更多的光和热，而作为领导者，为什么不学着慷慨一些呢？尝试着去寻找下属身上值得自己赞扬和肯定的东西，鼓励对方，并真诚地告诉他。领导最基本也是最关键的工作是管理，而管理的本质是激励，而这恰恰需要赞扬和鼓励所达到的效果，激励既是行为的钥匙，又是行为的按钮，按动什么样的按钮，就会产生什么样的行为。领导要想“下属能够跑起来”，就需要激发出他们的全部潜能，拿到激励那把钥匙。海尔企业的用才理念是“人才是激励出来的”，而海尔企业也认为激励是提高员工素质最有效的手段。

美国南北战争开始时，北方联军连吃败仗。后来林肯大胆启用了一位将军——格兰特。他出身平民，衣着不整，言语粗俗，行为莽撞，有人还说他是个酒鬼。林肯心里明白，所有对他的传言都是夸大之辞……后来，竟然有人要求林肯撤掉格兰特的军职，其理由是说他喝酒太多。林肯则不以为然，他赞扬格兰特说：“格兰特总是打胜仗，要是我知道他喝的是哪种酒，我一定要把那种酒送给别的将军喝。”格兰特没有辜负林肯的信任，为结束南北战争立下了赫赫战功，证明自己的确是一位能力卓越的将军。后来，他成为美国第十八任总统。

在这里，林肯适当的赞扬加鼓励，激发出了格兰特将军潜在的热情，形成了良性的链状反应。而且，这是一种愉快的潜隐刺激伴随说服性交流信息而产生的巨大作用。最终，格兰特将军焕发出积极的热情，为结束南北战争立下了赫赫战功，他成了林肯所说的“总是打胜仗的将军”。

美国历史上第一个年薪过百万的管理人员叫史考伯，他是美国钢铁公司总经理。记者曾问他：“你的老板为什么愿意一年付你超过100万的薪金，你到底有什么本事？”史考伯回答：“我对钢铁懂得并不多，我的最大本事是我能使员工鼓舞起来。而鼓舞员工的最好方法，就是表现真诚的赞赏和鼓励。”把话说白了，就是史考伯年薪过百万是因为他善于赞美他人。每一个人都渴望自己受到别人的赞美，希望自己的价值得到认可，这主要源于其自尊心和虚荣心。

有一个女孩，5岁就开始登台演唱。她有着优美的歌声，她的天资从一开始就显露无疑。长大后，她的家人请了一个很有名的声乐老师来指导她，不论何时，只要这女孩一想到放弃或节奏稍微不对，老师都会细心地指正。后来，她的老师离开了，她那优美的歌声发生了变化，声带拉紧、硬邦邦的，不再像以前那样动听。最后，几乎没有人邀请她了。后来，有一位推销员追求她，每当她哼着小调，或一个乐曲旋律时，那位推销员都会惊叹歌声的美妙："再唱一首，亲爱的，你有全世界最美的歌喉。"她开始重新焕发对音乐的热情，她又开始前往世界各地演唱。

他总是这样说，事实上，他并不确定她唱得好不好，但是他确实非常喜欢她的歌声。如此的赞扬与鼓励，使得小女孩潜在的潜能爆发出来，我们可以预见，她最后肯定会成为一名出色的歌唱家，而这一切都源于赞扬与鼓励。

心理启示

赞扬与鼓励，不仅满足了下属的心理需求，而且还能够增强下属的自信心，激发出下属的无限潜能，促使下属不断地取得进步。生活中是不能缺少赞扬之词的，有了赞美才有了愉悦的心情，才能与他人建立和谐友好的人际关系。作为领导者，不仅要学会赞扬，更需要不吝于赞扬，每位下属都有他的闪光点，当我们发现了下属的优点的时候，就要大方开口赞扬，不能吝于赞扬。

鲇鱼效应：巧用激将法

当鲇鱼在搅动小鱼生存环境的同时，也激活了小鱼的求生能力。所以，鲇鱼效应是采取一种方法或措施，刺激员工活跃起来投入到工作中。作为一名领导，与下属接触的机会非常多，有时候，你会发现某位优秀的员工，由于出色地完成了任务而沾沾自喜，甚至有点飘飘然，时刻表现出傲慢的情绪。如果你任由他这样发展下去，就会对以后的工作不利。所以，你应该适当地“激”他一下，对他说：“我觉得你的同事小王也挺出色的，上次你完成的工作任务也有他的一份功劳吧。你可得加紧努力工作，小心他马上就赶上你了……”这样，他就会感觉来自身边的压力，会收敛自己骄傲的情绪，把精力都投入到工作中去。这就是领导妙用“激将法”，抓住员工的心理，适当泼一下冷水，打击一下他的情绪，这会让他迸发出更多的力量，触动其上进心，这其实也是一种激励。

三国时期的诸葛亮就十分善于运用激将法：在马超率兵来犯时，张飞请令出战，诸葛亮却故意说：“马超家世代簪缨，马超勇猛无比，在渭水把曹操杀得大败，看来只有调回关羽来才行。”这一下激恼了张飞，他立下军令状，出战马超，最终使马超投降。张飞本来是一员猛将，而自傲的情绪有可能会影响他能力的发挥，而诸葛亮的激将法起了重要的作用，使张飞在愤怒之下迸发出更大的力量，于是打败马超，使之投降。诸葛亮善用激将法还有另外一个例子。

面对着号称百万雄师的曹军，孙权想与之决战，但又举棋不定。诸葛亮说：“曹军势不可当，不如投降算了。”孙权非等闲之辈，乃争强好胜、不甘居人之下的一代英才，听了诸葛亮的话，火一下子就蹿了上来，反问道：“那刘豫州为何不降呢？”诸葛亮说：“刘使君乃汉室之胄，雄才大略，英才盖世，岂能甘心投降，任人摆布呢？”诸葛亮见孙权抗曹之火被激将起来，这才详尽地向孙权分析了孙刘联军抗曹的有利条件，最终坚定了孙权抗曹的决心。

诸葛亮并没有说东吴如何兵精粮足、人才济济，也不说地势如何险要，而反说曹军如何势大，假劝孙权投降，这样就激起孙权争胜、不甘寄人篱下之心，完成其联吴抗曹的任务，他用的就是激将法。领导在很多时候，也需要妙用激将法，才能使员工全身心地投入到工作中去。

当然，领导在使用“激将法”的时候，还要视员工的态度和他的心理承受能力而定。如果员工的心理承受能力较差，你的激将法非但无法收到预期的效果，甚至有可能让他从此一蹶不振。那么，如何把握“激将法”的语言技巧呢？不妨注意下面几点。

1. 面对不思进取的员工

每个人都有自尊心，有时候是因为某种原因使其自尊心受到压抑，表现出自卑、气馁等负面情绪。这个时候，你就应该直截了当地给他以贬低、羞辱，刺痛之，激怒之，“冷水”浇头，就能使他精神一振，让他的自尊心从压抑状态中解脱出来，从而精神面貌焕然一新。

有位厂长给了一位因纪律松懈而被罚得无钱过年的工人一千元钱，这位工人不愿接受领导的“施舍”。厂长立即大声责骂：“你以为我是给你的吗？你还不配！堂堂五尺男儿，竟然无钱让老婆孩子幸福过个好年，你算得上男子汉吗？把钱拿回去，告诉弟媳，就说我给孩子扯件新衣，给弟媳买点年货。”这位工人在厂长的怒骂下，觉得无地自容，开始号啕大哭。于是在新的一年里，这位工人严守厂纪，埋头苦干，成为生产标兵。

厂长无疑是“责之深、爱之切”，但是他心里明白，面对这样不思进取的员工，只有直接贬低他的价值，才能促使他从压抑的状态中站起来，并积极投入到工作中去。

2. 面对有自卑感的员工

有些员工其实很有才华，但是因为内心的自卑感，总担心自己表现不好，这个时候，如果“一盆冷水把他从头浇到脚”，就会让他更加怀疑自己的能力，所以领导在使用激将法时不要太鲁莽，需要讲究技巧性。对待这种有自卑感的员工，需要采取“唱双簧”的方法，你可以找个人配合，一个唱黑脸，一个唱白脸，一搭一唱，会有很好的效果。

如果你斥责一名年轻的员工，你唱的是“黑脸”，你应该对员工凶悍一点，严厉一些，然后由你的搭档——“白脸”上场，也就是你对员工训斥完，就立即让助理找他，你的助理需要扮演一个“白脸”的角色并且告诉他：“其实领导是想用‘激将法’激励你，说实在的，他挺欣赏你的，一直希望你……”这样，员工就会感觉到你对他的期望，心里就会乐滋滋的，同时也感受到压力，日后就会更加自信认真地工作，这样的效果自然就很好了。

这样的激将法中，需要“白脸”唱主角，所以你要特别注意唱“白脸”

的搭档是否可靠，绝对不能让他夸大其词，信口开河甚至在背后说你的坏话，那样后果是不堪设想的。领导应该适当地对你的下属使用“激将法”，这样你就会发现他们在工作中会表现得更好。

心理启示

当然，领导在使用“激将法”的时候，还要视员工的态度和他的心理承受能力而定。如果员工的心理承受能力较差，你的激将法非但无法收到预期的效果，甚至有可能让他从此一蹶不振。

不值得定律：知人善任

不值得做的事情，就不值得做好，这几乎是不值得定律最直接的表达。通过这个定律，反映出人们普遍的心理——只有符合自己价值观的事情，才会满怀热情去做。当然，在职场中，如果一个人做一份与其个性气质完全不符合的工作，是难以做好的。有人曾问巴菲特：“如何才能在投资中控制自己的风险？”巴菲特回答说：“一个是守规矩，另外一个是选人，最重要的是选人。”在伯克希尔哈撒韦公司，巴菲特很重视挑选自己的职业经理人、投资经理人，要求十分严格，要选最好的，选完之后给他们最大的权力空间，让他们可以自由发挥。假如这些职业经理人达到了他的要求就会得到许多的回报；假如达不到他的要求，巴菲特就会很有礼貌地叫他们“走路”，这就是所谓的以人为本。知人用人要有胆量，而胆量往往来自于对人了解多少，了解得越多，判断就越准，用起来才会更大胆。

学诚法师非常慈悲，又有观察力，对每一位弟子的特点都了如指掌，如何学修、承担能够最大限度地帮助弟子成长，法师都有周到的考虑。

以前在广化寺，有时某个岗位缺人，法师就会说："某某可以做。"有时候法师提出的人选出乎所有人的意料，甚至是大家认为最不合适的人，结果当他真的走上那个岗位后，做得却非常好。弟子们感到，虽然同行之间彼此接触很多，但对身边的人，大家却并不一定很了解。各人有什么特点、什么意愿，其实并不了解。而学诚法师虽然接触弟子的时间比较少，却更加了解每一个人，知道每一个人的长处、心愿、能力，一旦有了机会，就会安排合适的弟子去承担，最后事实总是证明他的选择是非常正确的。

学诚法师的观察力是弟子们公认的，大家都觉得不可思议，这正是法师悲智功德的体现。

要想掌握高超的用人之道，必先做到知人善任。知人，就是要了解别人，也就是对人的考察、识别、选择；善认，也就是对人要使用得当。所谓的知人善任，就是要认真地考察别人、确切地了解别人，把每个人都安排到适当的岗位上去，充分地让他们发挥自己的特长、施展才干，这才是作为领导者的重要工作之一。就好比一台机器，有了先进的设计、合理的结构和科学易行的操作规程，还必须有高质量的操作人员。通常情况下，路线确定之后，人就成了决定因素，就是这个道理。

在知人善用方面，曹操深谙其中的道理。

《三国志·魏志·张辽传》记载，曹操征张鲁前，给合淝护军薛悌一封密函，上书"贼来乃发"。不久孙权率十万众来围合淝。此时张辽、李典和乐进三人共守合淝，众人拆开密函一看，曹操在信中对合淝的防御和进攻作出了周密的部署：若孙权至，张李二将军出战，乐进守城。这三位将军"素皆不睦"，然而张辽在曹操的指示下表示坚决出战，以攻为守，此举感动了另外二人，决定放弃个人私怨，愿意听从张辽的指挥，共同抗敌。乐进生性怯懦，过于谨慎，正好适合守城。结果合淝一战，张辽与李典在逍遥津以步卒八百，破孙权军十万，创下了史上有名的以少胜多的战役。

话说："夫兵，诡道也。至于合淝之守，悬弱无援，专任勇者，则好战生患；专任怯者，则惧心难保。且彼众我寡，众者必贪惰；我以致命之师，击贪惰之卒，其势必胜。"在这里，不能不归功曹操知人甚深，他不仅了解张、李、乐三人平日的隔阂，更对三人的作战能力、用兵特点以及性格修养都了如指掌。因此这封密函不仅调解了三将的关系，又通过适当的分工，使三将的优劣互补，最大限度地发挥了三将在防御作战中的整体优势。

1. 如何知人

俗话说："不知人之短，不知人之长；不知人长中之短，不知人短中之长，则不可用人。"可以说，知人是用人的前提，每个人的问题优点并存，长短处并存，有的人内秀而外拙，才不外露，很不容易发现；有的人博学多智，却只会纸上谈兵，这样的才能很难展现出来。我们如何去了解这些人，那就需要从信任出发，从了解入手，知其德才学识，明其优劣长短，从其发展的前景中把握，要想准确、清楚地了解一个人，不能只看文凭和档案，也不仅仅凭感觉和印象，而是需要深入了解，全面分析，这样才能辨其才能，明其本质，才能真正做到"善任"。

2. 如何善任

善任的重点在于扬长避短，如何才能扬长避短呢？要学会量才使用，有的人善于管理，有的人懂业务，在选才时要以"质"为依据，以"质"为调配，这样才能使人才的质得以体现；要注意团队结构，人才群体的组成应注意知识结构、年龄层次、专业类型、性格特点等合理搭配，这样才能产生人才资源的互补效应。此外，我们要需要注意重用性交流，也就是选拔优秀的人才担任重要岗位。

心理启示

"用人所长，扬长避短"，这应该是一个基本原则。人的个体存在很大的差异，这种差异不仅表现在职业能力上，而且还表现在个性、价值观以及职业倾向上。领导者在为下属分配任务时除了要考虑岗位要求之外，还应该针对并尊重员工自身的特点以及优势，安排与其特点和优势相适应的工作，给予充分发挥的空间。

南风效应：让下属知道你很“疼”他

南风效应，指的是温暖胜于严寒。如果将此效应运用到管理实践中，就是要求领导者尊重和关心下属，多一点“人情味”。俗话说：“欲晓之以理，必先动之以情。”领导者希望下属能够全身心地投入到工作中去，甘愿为工作付出，那么就需要运用“情”，让下属知道你很“疼”他。其实，很多时候，领导者表现出的“情”并不是通过一些重大的事情来体现，更多的时候是体现在一些细微的小事上。这些小事都是在日常的工作中体现出来的，或者是一句贴心的话，或者是一个善意的微笑，或者是细心地聆听，或者是记住每一个下属的名字，或者是与下属愉快地聊天，或者是适当暴露自己的缺点，拉近与下属之间的距离。这些事情看似微不足道，但是却常常能够温暖下属的心里，激起他们的感激心理，进而把所有精力都投入到工作中去。

在《三国演义》长坂坡之战中，曹军轻军前进，曹纯率精骑5000追击刘备军。危急之时，张飞杀入曹军阵内，保护刘备且战且退。赵云负责保护刘备家小，奋勇冲杀中，却不见了刘备的两位夫人和幼子刘禅。赵云又拍马单骑杀入重围，在伤兵的指引下，找到了甘夫人，杀死曹军部将后又救下糜竺，便命糜竺保护甘夫人退到长坂桥东岸。接着，赵云再次奋勇杀入敌阵，在一堵土墙下找到了身负重伤、怀抱着刘禅的糜夫人。赵云下马请糜夫人上马，糜夫人不同意，将刘禅交给赵云之后，转身投入身后的枯井。这时，有手下对刘备说：“赵云北投曹操去了”。刘备表示绝不相信：“子龙不弃我走也”。果然不一会儿，赵云就抱着刘禅赶了过来。

赵云大战长坂坡，九死一生救出少主刘禅，当他从怀中把仍在熟睡的刘禅交给刘备时，刘备接过孩子直接摔到地上，对赵云说：“为汝这孺子，几损我一员大将。”果然，赵云感激泣拜说：“云虽肝脑涂地，不能报也。”

刘备通过摔孩子这一动作，再加上后面感人肺腑的一句话，竟使得赵云跪拜在地，表示自己无以回报主公的心情。作为一个卓越的领导者，就善于用语言或行为来表示对下属的疼爱，只有这样才能真正地感动、激励下属，使之为你谋取更多的利益。

那么，领导应该通过哪些言行举止来让下属知道自己很“疼”他呢？其实，最重要的就是从工作中的小事做起，下面我们就简单地介绍几种行之有效的方法。

1. 记住每一位下属的名字

据说，恺撒大帝能叫出他军队里成千上万人的名字，他就是通过喊他们的名字，促使士兵为他在作战时奋勇杀敌。实际上，每一个人都对自己的名字特别敏感，如果你能记住每一个下属的名字，并在与之交谈的时候，亲切地叫出对方的名字，他就一定感到你对他的重视，感到自己在你心中的位置。作为一个领导者，不管你带领的团队有多大，你应该尽可能地叫出每一位下属的名字，你让他们觉得，他们每一个人都是独一无二的，都是特别重要的。如果你所带领的是一个小团队，那么你除了记住他们每一位的名字，还需要更详细地了解他们，比如他们的缺点和优点，这样才能更有效地在用人方面达到知人善任，提高工作效率。

2. 适当暴露自己的弱点

在下属的心目中，领导者的形象都是极其完美的，他们总以为领导者是高高在上的，是不同于他们的。其实，这就无形之中造成了下属与领导者之间的距离越来越大。那么，如何来改善这样的情况？每个人都有缺点，一味地掩饰并没有任何作用。因此，领导者没有必要掩饰自己的缺点，而是在下属面前展现真实的自我，不妨适当地暴露自己的一些缺点。当下属知道领导也有缺点时，他就会觉得“原来他和我们一样，都是普通人”，而且会不知不觉地产生一种亲切感，这就会令下属感到与领导的距离近了，进而感受到领导的真情。

3. 与下属聊天

在工作之余，或者是下班之后，领导者可以邀请下属一次喝茶，一起共进晚餐。在一种轻松的氛围中与下属聊天，除了谈论一些工作上的事情，你也可以试着与下属谈论一些工作以外的话题，比如兴趣爱好，家庭之类的。这会让下属感觉领导并不是高高在上的，而成了自己的朋友，也会感受到自己在领导心中的地位。

4. 多说贴心话

有时候，在某些特定条件下，从领导嘴里说出的一些贴心话，就会让人感觉有千钧之重，进而收买了人心。每一个员工都希望自己能在一个富有人情味的团队工作，而这取决于领导是否善解人意，是否体恤和关心下属。比如，有一个员工向你请假回去照料生病的母亲，那么当他上班的时候，你不妨问问他母亲康复了没有；当一位下属的脸色不太好，你不妨走到他身边，问他出了什么事情；如果你的下属经常在你面前谈起他正在上高中的儿子，那么你不妨问一下他儿子的学习成绩怎么样。虽然，在领导看来，这些都是一些细小的关心，但却让下属很长时间都牢记你的恩德。

5. 善意的微笑

无论在什么时候，下属都不希望看到领导黑着脸，这样只会增加他们的心理负担，使你们之间的距离越来越远。相反，如果一个领导在面对下属的时候，露出一个善意的微笑，那就会让下属觉得自己原来是讨上司喜欢的。善意的微笑可以为你的威信增添一股亲切的气息，而这样的气息无疑是下属希望看见的，他们会为了你的一个微笑就保持一整天的心情愉悦地工作。

6. 聆听下属的意见

领导者不能自诩身份不一样，资历比较高，就不重视下属的任何想法和意见。其实，很多时候，他们在你面前所说出的想法和意见，有可能是他经过了几天的认真思考。无论对方的建议是否可行，你都应该认真地聆听下属的意见，对于他说的比较恰当的地方需要给予赞扬，对于他说的不足之处要及时地进行引导。

心理启示

对待下属就是要“以情动人”才能真正地打动他们，激励他们更加努力的工作。一般而言，领导者管理下属的目的就在于使工作能够顺利开展，进而谋求整个团队获得有前景的发展壮大。这就需要激起下属工作的积极性，把全身心都投入到工作中去，而行之有效的办法，那就是让下属知道你“疼”他，以情动人，从一些日常的小事做起，才能够真正感动、激励下属。

三明治效应：批评也要讲艺术

在上下级的交谈中，有可能是表扬，也有可能是批评。而批评的目的是限制、制止和纠正下级的某些不正确的行为。在现实生活中，有的领导不愿意甚至不敢对他人提出批评，就算是下级工作做得不好，他宁可找其他人去做，也不愿意指出他的不足之处；有的下级犯了错，他也干脆睁一只眼闭一只眼，装作没看见。其实，这样怕因批评而得罪人是一种不明智的想法，那些得罪人的批评不在于批评本身，而在于批评的原则和方法是否运用得当，这就需要掌握一些最佳批评技巧。

卡耐基这样说：“当我们听到别人对我们的某些长处表示赞赏之后，再听到他的批评，心里往往会好受得多。”在面对下属工作中出现的失误或者问题，领导者应该进行适当的批评和否定其一些不当的言行，使下属所存在的问题或不足之处不致继续发展下去，甚至出现更大的错误而最终影响整个工作的开展和进行。虽然古人曾云：“人非圣贤，孰能无过？”但是，如果你的下属犯了错误，而你不加以批评，任其发展，他会在错误的路上越走越远，这样对他的工作和人生都有一定的阻碍作用。

美国著名企业家玛丽·凯在《谈人的管理》中一书写道：“不要光批评而不赞美。这是我严格遵守的一个原则。不管你要批评的是什么，都必须找出对方的长处来赞美，批评前和批评后都要这么做，这就是我所谓的‘三明治式’批评法——夹在两大赞美中的小批评。”即使你在批评下级的时候，也应该事先对他的长处赞扬一番，然后再客观地提出批评，为了使你们的谈话在友好的气氛中结束，你再使用一些赞美的词语。这种两头赞扬、中间批评的方式，就像是三明治，所以大家称这样的批评为“三明治式”的批评。

一个高明的领导者，总是在批评之前先肯定下属的成绩，然后再真诚地向他提出存在的不足之处，事后再提出自己的赞美之词。而有的领导者讲话时说：“我对你很是失望。”那么被批评的员工听后，第一感觉就是领导者已经不重视我了。相反，如果我们换一种方式来处理，比如，你可以这样表达：“你做事向来都是很积极的，从来都是按时完成的，这次突然出现了这样的问题，一定有别的原因吧，我很重视这件事情。”再让他作出回答，这样双方才能够解决问题。然后你再转到一个愉快的话题上来，对他的长处表示你的赞扬，进而让他真正了解你的意图和想法，按照你的意图和想法来工作，这样才能够使双方都保持愉快的心情，进而把问题解决了。

如果从心理学来说，绝大多数人在听到批评的时候，都不会像听到赞美那样舒服。每个人在本能上，对来自别人的批评就有一种抵触心理，并且喜欢为自己的行为进行辩解，尤其是当他在工作中已经付出了很大的努力的时候，因为一点错误，他就会对上级的批评更加敏感。很多人在认知上，他们确信自己是不可能不犯错误的，而在行为上却试图为自己的每一次过错进行辩解，这就显得他们对认知不协调。

而“三明治式”的批评方式是很符合人们的心理适应能力的。人们渴望别人的赞赏，赞美就应该在他们的心里留下比较深刻的印象，而两头的赞美能起到这样的作用。当你诚恳而客观地对他人赞扬之后，再进行批评，他人就觉得你的批评在赞美的包裹下显得不那么刺耳，所以心里更容易接受你的批评。

“三明治效应”完全符合了人们的心理，如此的批评方式也更容易被下属所接受。那么，“三明治效应”到底哪里比较出色呢？

1. 最佳的批评方式

高明的领导者都会在批评下属的时候，采用“三明治式”的批评方式，

“三明治式”批评方式也被称为最佳的批评方式。那么，享有这样荣誉的“三明治式”批评方式，自然有它的盛名之处。这样一种批评方式，能够有效地避免批评本身带来的负面影响，而把一种本身带着负面的批评成功地转化为正面积极的激励方式。这对于被批评者来说，既不会受伤，又能在甜美的赞扬中解决问题，无疑是最容易接受的批评。

2. 维护了下属的自尊心

很多领导者在批评下属的时候，丝毫不考虑对方的自尊心，当面或直接就对下属大声责骂，其实这样的方式很容易伤害下属的自尊心，激起对方心里的逆反情绪。实际上，每个人都渴望别人的赞美，因为赞美能够在他们心里留下深刻的印象，并且使他们保持一种愉悦的状态。而“三明治式”的批评方式，能够使前后的赞美起到这样的作用。当你诚恳而客观地对他人赞扬之后，再进行批评，他人就觉得你的批评在赞美的包裹下显得不那么刺耳，所以心里更容易接受这样的批评，同时，也较好地维护了下属的自尊心。

心理启示

领导作为统帅人物，适当地批评和否定下属，这是很有必要的。当然，好的批评就是一种激励，最佳的批评方式是需要讲究技巧的，领导者不仅仅需要纠正下属的错误，更需要使下属不断地进步。这就需要领导者掌握最佳的批评方法，即运用“三明治式”的批评艺术。

第13章

与客户相处——营销之战攻于心

在日常工作中，越来越多的人开始意识到，只有打动了顾客的心，才能赢得顾客盈门。那么，如何才能打动顾客的心呢？其实在营销这个环节之中，也隐藏着一些心理定律，如果在实际工作中将其灵活运用，将起到事半功倍的作用。

权威效应：令对方深信不疑

权威效应，又被称为权威暗示效应，是指如果一个人地位高、有威信，就会受人敬重，而他所说的话以及所做的事情就很容易引起别人重视，并让他们相信其正确性，即“人微言轻、人贵言重”。“权威效应”的普遍存在，一方面在于满足了人们的崇拜心理，威信、权势对于每个人来说都是一种强大的吸引力，崇拜心理的作用使得他们对那些权威人士所说的话深信不疑；另一方面由于人们都有“安全心理”，总是认为权威人物才是正确的楷模，听信他们的言论会使自己更具安全感，增加不会出错的“保险系数”。

美国心理学家们曾经做过一个实验：在给某大学心理学系的学生们讲课时，向学生介绍一位从外校请来的德语教师，说这位德语教师是从德国来的著名化学家。试验中这位“化学家”煞有其事地拿出了一个装有蒸馏水的瓶子，说这是他新发现的一种化学物质，有些气味，请在座的学生闻到气味时就举手，结果多数学生都举起了手。

本来那只是没有任何气味的蒸馏水，但由于“权威”的心理学家的语言暗示让许多学生都认为它有气味。通过这个实验，直接体现了人们所具有的“安全心理”，同时，人们还有一种“认可心理”，也可以称为“崇拜心理”，他们总认为自己的言行要与权威人士保持一致性，自己只有相信权威人士的言论，才能得到各方面的认可。所以，这两种心理就诞生了权威效应。

在现实生活中，利用“权威效应”的实例很多，比如，在广告宣传时请权威人物赞赏某种产品，在辩论说理时引用权威人士的话作为论据，等等。相传，南朝的刘勰写出《文心雕龙》后由于无人重视，他想请当时的大文学家沈约审阅，但沈约却不予理睬。后来他装扮成卖书人，将作品送给沈约。没想到沈约阅后评价极高，于是《文心雕龙》成为中国文学评论的经典名著。因此，在日常交际中，我们利用“权威效应”能够达到引导或改变对方态度和行为的目的，通过“权威言论”来影响其心理，操控其言行。

浙江某小企业在当地小有名气，为了扩大市场，该企业决定招募各省会城市的代理商。在谈判桌上，该企业经理十分谦虚地说：“我们虽是小企业，却得到了商界人士的青睐，上次我带着产品去香港参加展销会，就连李嘉诚对咱们的产品都赞不绝口。”对方一听李嘉诚的名字，想都没想就签下了代理商的合约。

李嘉诚作为商业中的权威人士，如果他都大加赞赏某企业的产品，那自然是再好不过的“产品认证书”了。一般情况下，在某些方面有很深造诣并取得瞩目成就的权威人士往往更容易信服，因为人们更愿意认同权威人士的言论。

1. 借用名专家的话

很多健康专家认为，晚上身体往右侧睡才是最健康的睡姿。于是，当你在向朋友或家人证实这言论的真实性的时候，不妨可以这样说：“健康专家都这么说，难道还有假？”比如，在每一只牙刷上面都会标明“牙医建议，三个月更换一只牙刷”。

2. 借用位高权重人士的话

最近几年国家经济飞速发展，但物价也猛涨，对此，国家相关权威人士表示会抑制部分经济泡沫。于是，在平日闲聊中，邻居大妈可能更愿意相信物价不跌反涨，你就可以搬出权威人士的话“央行行长都发话了，要出台一系列措施，抑制物价……”

3. 借用各行业权威人士的话

在每个行业都有相应的权威人士，比如，文学领域里的茅盾、鲁迅，艺术领域里的梵高、贝多芬等。当我们再强调语言是多么重要的时候，不妨搬出语言大师林语堂的言论“语言不是一般的工具，使用起来不同于其他工具”。

4. 借用上司的言论婉拒对方

很多时候我们不知道该如何拒绝，可以借助上司的言论进行拒绝，比如：

“前几天经理刚宣布过，不准任何顾客进仓库，我怎么能带你去呢？”或者说：“这件事我做不了主，我会把你的要求向领导反映一下，好吗？”

心理启示

在绝大多数情况下，当某位权威人士发表观点时，大家很少去怀疑甚至反对。当然，在这时候，人们所相信的并不是某个人本身，而是他的头衔，他们认为以他的地位、权势所说的话一定是真实的，值得相信的。

投影效应：找到对方的在意点

投射效应是指将自己的特点归因到对方身上的倾向，即以己度人，认为自己具有某种特性，对方也一定会有与自己相同的特性，于是，他们把自己的感情、意志、特性投射到对方身上并强加于人的一种认知障碍。比如，一个善良的人认为对方也是善良的，一个敏感多疑的人，则往往会认为别人都是不怀好意的。投射效应使我们对他人的知觉产生失真，我们在对他人形成印象时，有一种强烈的倾向就是假定对方与自己有相同之处，但实际上对方所具备的特性却是全然不同的。由于投射效应更倾向于自己是什么样的人来知觉他人，而不是按照被观察者的真实情况进行知觉，因而，投射效应是一种严重的认知心理偏差，它会给正常的人际交往带来严重的负面效应。所以，在日常交际中，我们需要克服这样的心理，善于从言谈比较中挖掘对方的欲望点，继而影响其心理。

1964年，刚从海军学校毕业的吉米·卡特，遇到了海军上将里·科弗将军。当将军让他谈谈自己的事情的时候，吉米·卡特为了博得里·科弗将军的喜欢，骄傲地谈起了自己在海军学院的成绩，他说自己在全校820名毕业生中，名列第58名。他自认为将军听了他的成绩后一定会对他刮目相看，没想到将军却没有任何反应地问道："你尽力了吗？为什么不是第一名？"这句话让吉米·卡特不知道如何回答。

吉米·卡特与将军的对话验证了错误投射现象带来的负面影响，心理学研究发现，在日常生活中，人们总是不自觉地把自己的心理特征强加在对方的身上，认为自己是这样想的，对方也应该有同样的想法，并试图通过这样的想法去影响他人，最终却适得其反。

投射效应主要有两种表现形式：一是感情投射，也就是认为对方的喜好与自己有相同之处，继而按照自己的思维方式，试图来影响其心理；二是缺乏客观性的认知，他会以自己的价值判断去过度地赞扬喜欢的人，或者贬低厌恶的人。

1. 自己的喜好无法正确衡量别人

俗话说："物以类聚，人以群分。"这就是人们心理活动的一种折射，在投射效应的驱使下，人们的行为常常有失偏颇，继而不能更好地影响他人心理。比如，你自己很喜欢吃西餐，并不代表对方就喜欢吃西餐。因此，我们在交际中不要以自己的喜好来衡量别人，这样造成的结果只会适得其反。

2. 通过言语比较洞悉对方心理

如果自己喜欢吃火锅，你可以试着询对方："你觉得火锅怎么样？"假如对方回答："火锅还行吧，我倒觉得牛排挺不错的。"通过言语比较，对方所中意的应该是牛排而不是火锅；假如对方回答："我最喜欢火锅了。"那么，他的喜好应该和你差不多。

3. 利用惯性思维

税务员假装不相信地问道："唉，据我所知你没有这个肚量。"店主有点生气："什么！我没有那个肚量，这算什么呀！自今年以来，我哪个月不卖个两万多呀。""那好，你先把这几个月所漏的税额补交了吧！"税务员说道。这里，税务员所使用的就是惯性思维，利用其欲望点洞悉对方心理。

心理启示

其实，投射效应告诉了我们一个道理，即每个人的心理都是不同的，我们不要己心度人，需要在言谈比较中挖掘出对方的欲望点，准确投射，这样才能有效地影响对方心理。

250定律：真诚对待每一位顾客

美国著名推销员乔·吉拉德提出“250定律”，在他看来，每一位顾客身后大概有250名亲朋好友。假如赢得了一位顾客的好感，就意味着赢得了其身后250个人的好感。反之，假如得罪了一名顾客，那就意味着失去了250名顾客。通过“250定律”给予的启示，我们必须认真对待身边的每一个人，因为每一个人的身后都有一个相对稳定、数量不小的群体。真诚对待每一位顾客，你将收获更多。

服务顾客是永恒的话题，而用优质服务满足顾客需求是我们最主要的目标之一。随着社会竞争的日益激烈，一种被人们忽视的东西逐渐凸显出来，就是新型的服务形式——细节服务。许多商家通过完善的细节服务，赢得了顾客的青睐，大量事实证明，如果我们能做到关注服务细节，做好细节服务，我们就一定能提高服务质量，提高顾客满意度。服务行业里的细节到底指的是什么呢？其实，细节就是那些琐碎、繁杂、细小的事情，不过，千万不要忽视那些小事，所谓“千里之堤，毁于蚁穴”，往往因为一个细节而毁掉了整个生意。比如，有工厂仅仅因为一口痰而失去了整个联营药厂，有因为一顿饭吓跑了顾客的案例。在现代社会，那些优秀的工作者之所以能获得成功，就在于其注重细节问题。因此，学会完善服务细节，让顾客在一点一滴中被打动。

在美国商界，流传着这样一个经典案例：

有一位妇女每星期都会固定到一家杂货店购买日常用品，可是，在持续购买了三年之后，有一次，店内的一位服务员态度不是很好，于是，这位妇女一气之下跑到了其他杂货店购物。一转眼，十二年过去了，这位妇女再次来到那家杂货店，并且决定告诉老板为什么自己不再到他的店里购物。当时，店老板很专心地听着，并且向她表示真诚的道歉。等这位妇女走后，老板便拿起了计算器来计算杂货店的损失，假设这位妇女每星期都到店内花上二十五美元，那么，这十二年将花费一万多美元。

老板不禁感叹：只因为十二年前的一个细节的疏忽，导致了自己的杂货店损失了一万多美元的利润。

细节服务看起来并不起眼，但它所带来的效果却是惊人的。作为一个工作人员，应该注重隐藏在服务过程中的每一个细节，顾客可能没有记住我们所做的一切，但他们不会忘记我们没能做到的一切，哪怕只是一个小小的细节问题。所以，与其让顾客满意，不如让顾客没有不满意，让顾客对我们的服务无可挑剔，那么，就必须关注细节，从小事做起。

早上，王先生临时决定去参加同学会，由于出门时比较匆忙，他只带了几张名片，一进会场，一下就派完了。当同学给自己名片的时候，他感到十分不好意思。于是，他抱着试一试的心态走了出来，这时，一名服务员迎上来，问道："先生，请问有什么可以为您做的？"王先生告诉她自己想印点名片，于是，这个服务员通过步话机叫来了主管，并向主管说了王先生的要求。主管当即询问需要一些什么样的条件，当王先生告诉他之后，那位主管拿过名片说："我会尽快给你做好。"两个小时后，那位主管走了过来，将两百张名片递给了王先生。

晚上，王先生参加完同学会，打开了酒店的房间。当他坐在办公桌前，突然发现有一盘切好且包着保鲜膜的橙子放在电脑桌前，旁边还有一张留言字条，王先生很好奇，打开一看，只见上面写着："尊敬的王先生，您好！看到您未吃房间里的水果，便特地为您切了一盘，并准备了无糖水果，希望您会喜欢，并预祝您旅居愉快！"想到白天的事情，王先生忍不住感叹："这酒店，真是细节服务周到啊！”

有人说：“做酒店就是比服务。”看一家酒店怎么样就看这家的服务怎么样，只有把细节服务做到完美了，才能保证酒店的总体服务质量。而且，在服务顾客的过程中，细节的东西是很容易引起顾客注意的，细节会深深地留在顾客的心里，不会那么容易忘记。

1. 学会对每一位顾客微笑

俗话说：“顾客就是上帝。”与顾客打交道是我们的工作之一，因此，不要带任何情绪来面对顾客，哪怕你正在生气，哪怕你感到委屈，哪怕在私底下他是你的仇人，我们都要对每一位顾客展露笑颜，这是最基本的礼仪。通常情况下，当顾客兴高采烈地走进店里，却遭遇我们一张冷脸，顿时，顾客购物的心情都没有了。在留给顾客不好印象的同时，我们自己也失去了一个客户。

2. 柜台语言学

顾客上门，我们应该主动打招呼，多问不烦、多拿不厌。如果有的顾客有急事想先买，我们可以对先到的顾客说：“这位先生有急事，可以先卖给他吗？”如果有的顾客拍打着柜台吵吵嚷嚷，我们也要和颜悦色地说：“请稍等一下，我接待完这位顾客就来。”对等待了很长时间的顾客说：“让您久等了，对不起！”买卖成交，目送顾客，说：“欢迎您再来！”“请您慢点走。”“再见！”等，如此文明的语言，热情的服务，定会打动每一个顾客的心。

心理启示

细节服务并没有具体的要求，简单地说，就是没有最细，只有更细。包括微笑、眼神、关切等，这些都是我们不可忽视的细节问题。在服务过程中，我们不仅要关注顾客，还要真诚地关心顾客，只有这样，才能完善服务，也才能赢得顾客。

留面子效应：面子给足对方

“留面子效应”指的是人们拒绝了某个非常高的要求之后，就会对相对小的要求的接受性增加的现象。基于人们的“留面子效应”，为了让人更好地去接受某个小要求，我们可以先提出某个明知他会拒绝的较高要求，用来提高对方接受小要求的概率。在人际交往中，人们都有这样一种心理：如果在某方面拒绝了他人，那么，在另一方面他就会主动作出让步，给你留个面子，让别人得到满足。心理学家认为，人们会自然地倾向于执行能够为交往双方都带来最大满足的行为，拒绝别人后，出于补偿就会答应较小要求了。

心理学家查尔迪尼曾做过一项“导致顺从的互让过程”的研究：

他先将那些参与实验的大学生分为两组，对于第一组大学生，要求他们带领少年们去动物园玩一次，需要两个小时。向大学生提出这个要求后，只有六分之一的学生答应了；对于第二组大学生，首先要求他们花两年时间担任一个少年管教所的义务辅导员，这本身是一件费时费力的工作，几乎所有的学生都拒绝了。

紧接着，他们对第二组的学生提出了一个小的要求，让大学生带领少年们去动物园玩两个小时，这时，学生们想到：“不就两个小时嘛，这事太容易了。”于是，一大半的大学生都答应了这个请求。

在生活中，我们经常会利用到“留面子效应”。比如，我们需要向朋友借钱的时候，如果你直接说：“小李，先借我五百块，怎么样？”或许，对方会不怀好意地回答说：“找我借钱？我还缺钱呢！”可是，如果你这样说：“小李，我最近手头紧，借我一千，行吗？”那么，朋友会说：“什么？我哪有那么多钱，我也正需要钱呢，最多只能借你五百。”如此，不正达到了你的目的吗？

有两家卖粥的小店，每天的顾客都差不多，但每到晚上结账的时候，右边那家小店总是比左边那家多出两三百块。这是为什么呢？原来，顾客走进左边那个店的时候，服务小姐总是微笑地问道："加不加鸡蛋？"有的客人喜欢吃鸡蛋，就会选择加一个鸡蛋；也有的人不喜欢加鸡蛋，就会说不加。这样一来，每进来一个人，加或不加，各占一半。

而顾客走进右边那家店的时候，服务小姐微笑着问："加一个鸡蛋还是两个鸡蛋？"大多数客人会笑着回答说："加一个。"而特别喜欢吃鸡蛋的人会回答说："加两个鸡蛋。"当然，在每天的顾客中，也有要求不加鸡蛋的，但这样的情况会很少。于是，一天下来，右边那家小店总是比左边那家卖出更多的鸡蛋，自然，销售额就会多出两三百块了。

之所以会出现这样的现象，就是所谓的"留面子效应"，欲得寸，先进尺。在提出自己的真正要求之前，我们应该向对方提出一个大要求，在遭到拒绝以后，我们再提出自己的真正要求，这样，对方答应的可能性就会大大增加。

1. 满足对方的"对比心理"

一开始就提出苛刻的条件，然后再妥协，其实就是满足对方的对比心理。谈判的一方如果事先给出十分苛刻的条件，然后再提出一个妥协的条件，即便这个妥协条件也很苛刻，对方也很容易接受。

2. 不要忘记"开天窗"

当你提出的要求对方很难接受的时候，在之前你不妨试着提出一些他更不可能接受的要求，或许你会有意外的收获。

心理启示

"留面子效应"源于人们内心深处的内疚感，他们在拒绝别人较大的请求时，会感到自己没能帮助到别人，辜负了别人对自己的期望，同时，损害了自己的形象，这时，他们会感到非常内疚。在这样的情况下，如果对方再提出一个较小的要求，人们为了重新塑造良好的形象，也为了寻求心理上的平衡，便会欣然答应这个小要求。

威尔德定理：善于倾听客户的心声

英国管理学家L·威尔德有一句十分经典的话："人际沟通始于聆听，终于回答。"在沟通过程中，一问一答之间可以使人受益无穷。对于人际交往来说，倾听是人与人之间沟通的基础，但在现实生活中却没有多少人真正掌握倾听的艺术。这就是心理学中的"威尔德定理"，它给我们的启示是"倾听永远凌驾于说之上"。倾听是一种美德，没有人喜欢开口就叽叽喳喳的鸟儿，他们更喜欢能够认真倾听自己说话的人。在办事过程中，如果你能恰到好处地将这一美德表现出来，赢得主动位置，那么，绝对是无往而不利。

或许，有人错误地理解多说话才能把握沟通的主动权，其实，多说话会给我们带来很多负面的影响，多说有可能会使他人对你产生戒心，认为你有某种企图；说得太多了，他人会对你敬而远之，因为他没有义务当你的倾诉桶；况且，话说多了，难免会出错；有时候，话说得太多，暴露的信息太多，就会被别人看穿。所以，做一个懂得倾听的人，并将这样的美德沿袭在自己身上，你会赢得比别人更多的机会，获取更多的信息，把握沟通的主动权，能够更加有效地打动人心。

小罗是一个很受欢迎的人，他常常会接到不同的邀请，而在各种社交场合，他能和大家打成一片。朋友小林十分敬佩他，不过，他始终没能找到小罗的秘诀。

有一天晚上，小林参加一个小型的社交活动，一到场他就看见了小罗和一个气质高雅的女士坐在角落里。小林发现，那位年轻的女士一直在说，而自己的朋友小罗好像一句话也没说，只是偶尔笑一笑，点点头。回家的路上，小林忍不住问小罗："刚才，那位年轻的女士好像完全被你吸引住了，你是怎么做到的？"小罗笑着说："刚开始我只是问她：你的肤色看起来真健康，去哪里度假了吗？她就告诉我去了夏威夷，还不断称赞那里的阳光、沙滩，之后顺理成章地，她就开始讲起了那次旅行，接下来的两个小时她一直在谈夏威夷，最后，她觉得和我聊天很愉快，可是，我实际上并没有说几句。”

看完这个案例，想来，我们应该清楚小罗为什么总是那么受欢迎了吧？是的，原因就是认真地倾听，其实，在沟通过程中，倾听是对谈话者最基本的尊重，同时，也是有效沟通的前提。

有一次，乔·吉拉德拜访了一个有趣的客户，一开始，客户就喋喋不休地谈论自己的儿子，他十分自豪地说："我的儿子要当医生了。"乔·吉拉德惊叹道："是吗？那太棒了！"客户继续说："我的孩子很聪明吧，在他还是婴儿的时候，我就发现他相当聪明。"乔·吉拉德点点头，回应道："我想，他的成绩非常不错。"客户回答说："当然，他是他们班上最棒的。"乔·吉拉德笑了，问道："那他高中毕业打算干什么呢？"客户回答："他在密歇根大学学医，这孩子，我最喜欢他了……"话匣子一打开，客户就聊起了儿子在小学、中学、大学的趣事。

第二天，当乔·吉拉德再次打电话给那位客户时，却被告知他已经决定从在自己手中买车，而客户的原因很简单，他说："当我提起我的儿子吉米有多骄傲的时候，他是多么认真地听。"

认真地倾听，使得乔·吉拉德打动了顾客，赢得了一份订单，如此看来，"倾听"确实是一个讨人喜欢的行为。在日常交际中，我们习惯用语言来交流思想，用心来沟通感情，但是，沟通与交流需要的仅仅语言吗？这是否定的，在很多时候，我们都很容易忽视了耳朵的作用，也就是倾听。倾听是一种交流，更是一种亲近的态度，只有倾听才能领略别样的风景，只有倾听才能真正地走进对方的心里。

1. 少说多听，使你受益无穷

布里德奇说："学会了如何倾听，你甚至能从谈吐笨拙的人那里得到收益。"倾听并不是没有任何意义的随声附和，一个优秀的倾听者可以从说话者那里获取大量的信息，赢得对方的喜欢，达到打动人心的目的。

2. 倾听也是需要技巧的

倾听也是需要技巧的，除了听之外，还需要适时地重复对方话语中的关键字眼。当然，倾听比说话更需要毅力和耐心，假如你只是埋头玩自己的手机，或者把头瞥向一边，这样无疑会打击说话者的积极性。

3. 倾听是沟通的前提

只有听懂了别人表达的意思的人才能沟通得更好，倾听是说话的前提，先听懂别人的意思，再表达出自己的想法和观点，才能更有效地沟通。同时，听懂了别人的意思，我们才有机会掌握沟通的主动权，如此，也更容易打动人心，达到办事成功的目的。

心理启示

懂得倾听，认真地倾听，让对方感受到你的注意力，让他觉得你对他所谈的内容很感兴趣，那么，你对他的心理距离就会缩短。在这样友好的氛围中，对方更容易对你产生好感，自然也很容易被你所打动。

微笑效应：给客户一个亲近的理由

一个售货员的心情很好，于是，她给了顾客一个亲切的微笑，顾客的心情也变好了，回到家，给儿子一个微笑，儿子的心情也变好了，回到学校给所有的同学一个微笑，微笑就这样一直传下去了。这就是心理学中著名的微笑效应，心理学家通过研得出了这样一个结论：如果你决定提高自己的社交技巧，决定结婚或者至少跟一个人住在一起，决定追求有意义的目标并且在过程中、在小事上享受快乐，那么，你的幸福感就能提升 10% ~ 15%；如果你能不吝惜自己的微笑，亲和地对待他人，那么，你的幸福感就能提升

20%～25%。微笑，能够撩动人心，让人亲近。一个微笑，就是一个和善的信号，可以缩短心灵之间的距离，消除误解、疑虑和不安，使他人有一种被尊重的感觉，满足他人最大的心理需求。

曾听教授讲述了这样一个故事：

有一天，忧虑者向智者请教："尊敬的人间智慧者，告诉我吧，如何才能让我跳出忧郁的深渊，享受欢乐呢？"智者微笑着说："那你就学会微笑吧，向你每天所见的一切。"忧虑者感到很奇怪："可是，我为什么要微笑呢？我没有任何微笑的理由呀。"智者回答道："当你第一次向人微笑时，不需要任何理由。"忧虑者问道："那么，第二次微笑呢？以后我都不需要任何理由就微笑吗？"智者笑着说："以后，微笑的理由会按它自己的理由来找你。"于是，忧虑者走了，他按照智者的指引，去寻找微笑。

半年过后，一个满脸微笑的人来到智者面前，他告诉智者："我就是半年前那个忧虑者。"然而，现在，这个过去的忧虑者满脸阳光，在嘴角总是挂着真诚的微笑。智者问道："现在，你有微笑的理由了吗？"曾经的忧虑者说道："太多了，当我第一次试着把微笑送给那位我曾见过无数次面的送报者，他居然还我同样真诚的微笑，我发现天还是那么蓝，树还是那么绿。"说完，他又开始讲述自己的经历："当我第二次把微笑送给那位不小心把菜汤洒在我身上的侍者的时候，我感觉到了他发自内心的感激，感受到了那份温情，而这份温情驱散了积聚在我内心的阴云。后来，我不再吝惜我的微笑，我把微笑送给了那些孤行的老人，送给天真的孩子，甚至，把这份美好送给那些曾经辱骂过我的人，我发现，我收获了那些多于我所付出几倍的东西，这里面有赞美、感激、信任、尊重，还包含着一些人的自责和歉意，而这都是人间最美好的感情，这让我变得更加自信，更加愉快，我更愿意付出微笑。"智者微笑着说："你终于找到了微笑的理由，假如你是一粒微笑的种子，那么，他人就是土地。"

美国总统华盛顿曾说："一切的和谐与平衡，健康与健美，成功与幸福，都是由乐观与希望的向上心理产生与造成的。"原一平是日本的一位保险推销员，虽然他只有1.53米的个子，刚开始从事保险员这项工作的时候，原一平几乎连一分钱的保险都没有拉到。然而，每天他毅然精神抖擞，一路上，不断地用微笑和那些擦肩而过的行人打招呼。由于原一平的微笑总能感染到别人，后来，他成了日本历史上最出色的保险推销员，而他的微笑被评为“价值百万美元的微笑”。

威尔科克斯说：“当生活像一首歌那样轻快流畅时，笑颜常开乃易事，而在一切事都不妙时仍能微笑的人，才活得有价值。”微笑是种子，谁播种微笑，谁就能收获美丽。

心理启示

原一平的微笑如此神奇，不仅能给顾客带来欢乐与温暖，同时，也给自己带来了巨额财富和一世英明。其实，对于我们来说，在这个世界上，每一个发自内心的微笑，往往都具有神奇的力量。

参考文献

[1] 候书森 . 张秀红 . 职场心理健康大讲堂 [M]. 北京：石油工业出版社，2007.

[2] 芦淼 . 不一样的职场心理学 [M]. 北京：中国青年出版社，2010.

[3] 王葆蘅 . 最轻松的职场心理学 [M]. 北京：北京工业大学出版社，2013.

[4] 一墨 . 迈过心理那些坎儿 [M]. 北京：电子工业出版社，2015.